JN438210

진각국사(眞覺國師)

오로지 정법만을 깨닫기 서원합니다.

입을 열면 정법만을 설하기 서원합니다.

중생이 다하는 그날까지 교화하기 서원합니다.

-대원 문재현 전법선사의 3대 서원

근현대 전법 선맥(傳法禪脈)

75조 경허 성우(鏡虛 惺牛) 전법선사

홀연히 콧구멍 없는 소 되라는 말끝에	忽聞人語無鼻孔
삼천계가 내 집임을 단박에 깨달았네	頓覺三千是我家
유월의 연암산을 내려가는 길에서	六月鷰岩山下路
일없는 야인이 태평가를 부르노라	野人無事太平歌

76조 만공 월면(滿空 月面) 전법선사

구름과 달, 산과 계곡이라, 곳곳에서 같음이여	雲月溪山處處同
선가의 나의 제자 수산의 큰 가풍일세	叟山禪子大家風
은근히 무문인을 그대에게 분부하니	慇懃分付無文印
이 기틀의 방편이 활안 중에 있노라	一段機權活眼中

* 제75조 경허 성우 전법선사 전함 / 제76조 만공 월면 전법선사 받음

77조 전강 영신(田岡 永信) 전법선사

전법게

불조도 전한 바 없어서	佛祖未曾傳
나 또한 얻은 바 없음을…	我亦無所得
가을빛 저물어 가는 날에	此日秋色暮
뒷산의 원숭이가 울고 있네	猿嘯在後峰

* 제76조 만공 월면 전법선사 전함 / 제77조 전강 영신 전법선사 받음

78대 대원 문재현(大圓 文載賢) 전법선사

전법게

부처와 조사도 일찍이 전한 것이 아니거늘	佛祖未曾傳
나 또한 어찌 받았다 하며 준다 할 것인가	我亦何受授
이 법이 2천년대에 이르러서	此法二千年
널리 천하 사람을 제도하리라	廣度天下人

부송(付頌)

어상을 내리지 않고 이러-히 대한다 함이여	不下御床對如是
뒷날 돌아이가 구멍 없는 피리를 불리니	後日石兒吹無孔
이로부터 불법이 천하에 가득하리라	自此佛法滿天下

* 제77조 전강 영신 전법선사 전함 / 제78대 대원 문재현 전법선사 받음

이 오도송과 전법게는 대원 문재현 선사님께서 법리에 맞도록 새롭게 번역한 것입니다.

불교 8대 선언문

불교는 자신에게서 영생을 발견하게 한 유일한 종교이다.
불교는 자신에게서 모든 지혜를 발견하게 한 유일한 종교이다.
불교는 자신에게서 모든 능력을 발견하게 한 유일한 종교이다.
불교는 자신에게서 모든 것을 이루게 한 유일한 종교이다.
불교는 자신에게서 극락을 발견하게 한 유일한 종교이다.
불교는 깨달으면 차별 없어 평등하다는 유일한 종교이다.
불교는 모든 억압 없이 자신감을 갖게 한 유일한 종교이다.
불교는 그러므로 온 누리에 영원할 만인의 종교이다.

– 대원 문재현 전법선사 주창

전세계의 불교계에서 통일시켜야 할 일

경전의 말씀대로 32상과 80종호를 갖춘 불상으로 통일해야 한다.

예불 드리는 법을 통일해야 한다.

불공의식을 통일해야 한다.

– 대원 문재현 전법선사 주창

바로보인 선문염송 27

바로보인 출판사는 정맥선원에서 운영하고 있습니다.

* 인제산(人濟山) 성불사(成佛寺) 국제정맥선원
경기도 포천시 내촌면 소리개길 86-178 ☎ 031-531-8805
* 인제산(人濟山) 이룬절 포천정맥선원
경기도 포천시 내촌면 소리개길 86-123 ☎ 031-532-1918
* 도봉산(道峯山) 도봉정사(道峯精舍) 서울정맥선원
서울시 도봉구 도봉로 921 문젠빌딩 2층 ☎ 02-3494-0122
* 백양산(白楊山) 자모사(慈母寺) 부산정맥선원
부산시 동래구 아시아드대로 114번길 10 대륙코리아나 2층 212호 ☎ 051-503-6460
* 자모산(慈母山) 육조사(六祖寺) 청도정맥선원
경북 청도군 매전면 동산리 산 50 ☎ 010-4543-2460
* 광암산(光巖山) 성도사(成道寺) 광주정맥선원
광주광역시 광산구 삼도광암길 34 ☎ 062-944-4088
* 대통산(大通山) 대통사(大通寺) 해남정맥선원
전남 해남군 화산면 송계길 132-98 중정마을 ☎ 061-536-6366

바로보인 불법 ⑩
바로보인 선문염송(禪門拈頌) 27

초판 1쇄 펴낸날 단기 4348년, 불기 3042년, 서기 2015년 1월 12일

역 저 대원 문재현 선사
펴 낸 곳 도서출판 바로보인
487-835, 경기도 포천시 내촌면 소리개길 86-178
전화 031-534-3373 팩스 031-533-3387
신고번호 2010.11.24. 제2010-000004호

편집·윤문 진성 윤주영
제작·교정 도명 정행태, 진연 윤인선
인 쇄 가람문화사

www.zenparadise.com

값 15,000원
ISBN 978-89-86214-48-2 04220
ISBN 978-89-86214-21-5 (전30권)

불조정맥(佛祖正脈)

인 도

교조 석가모니불 (教祖 釋迦牟尼佛)

1 조 마하가섭 (摩訶迦葉)

2 조 아난다 (阿難陀)

3 조 상나화수 (商那和脩)

4 조 우바국다 (優波鞠多)

5 조 제다가 (提多迦)

6 조 미차가 (彌遮迦)

7 조 바수밀 (婆須密)

8 조 불타난제 (佛陀難提)

9 조 복타밀다 (伏馱密多)

10조 파율습박(협) (波栗濕縛, 脇)

11조 부나야사 (富那夜奢)

12조 아나보리(마명) (阿那菩提, 馬鳴)

13조 가비마라 (迦毗摩羅)

14조 나가르주나(용수) (那閼羅樹那, 龍樹)

15조 가나제바 (迦那堤波)

16조 라후라타 (羅睺羅陀)

17조 승가난제 (僧伽難提)

18조 가야사다 (迦耶舍多)

19조 구마라다 (鳩摩羅多)

20조 사야다 (闍夜多)

21조 바수반두 (婆修盤頭)

22조 마노라 (摩拏羅)

23조 학륵나 (鶴勒那)

24조 사자보리 (師子菩提)

25조 바사사다 (婆舍斯多)

26조 불여밀다 (不如密多)

27조 반야다라 (般若多羅)

28조 보리달마 (菩提達磨)

중 국

29조 신광 혜가 (2 조 神光 慧可)

30조 감지 승찬 (3 조 鑑智 僧璨)

31조 대의 도신 (4 조 大醫 道信)

32조 대만 홍인 (5 조 大滿 弘忍)

33조 대감 혜능 (6조 大鑑 慧能)
34조 남악 회양 (7조 南嶽 懷讓)
35조 마조 도일 (8조 馬祖 道一)
36조 백장 회해 (9조 百丈 懷海)
37조 황벽 희운 (10조 黃檗 希雲)
38조 임제 의현 (11조 臨濟 義玄)
39조 흥화 존장 (12조 興化 存奬)
40조 남원 혜옹 (13조 南院 慧顒)
41조 풍혈 연소 (14조 風穴 延沼)
42조 수산 성념 (15조 首山 省念)
43조 분양 선소 (16조 汾陽 善昭)
44조 자명 초원 (17조 慈明 楚圓)
45조 양기 방회 (18조 楊岐 方會)
46조 백운 수단 (19조 白雲 守端)
47조 오조 법연 (20조 五祖 法演)
48조 원오 극근 (21조 圓悟 克勤)
49조 호구 소륭 (22조 虎丘 紹隆)
50조 응암 담화 (23조 應庵 曇華)
51조 밀암 함걸 (24조 密庵 咸傑)
52조 파암 조선 (25조 破庵 祖先)
53조 무준 사범 (26조 無準 師範)
54조 설암 혜랑 (27조 雪岩 慧郎)
55조 급암 종신 (28조 及庵 宗信)
56조 석옥 청공 (29조 石屋 淸珙)

한 국

57조 태고 보우 (1조 太古 普愚)
58조 환암 혼수 (2조 幻庵 混脩)
59조 구곡 각운 (3조 龜谷 覺雲)
60조 벽계 정심 (4조 碧溪 淨心)
61조 벽송 지엄 (5조 碧松 智儼)
62조 부용 영관 (6조 芙蓉 靈觀)
63조 청허 휴정 (7조 淸虛 休靜)
64조 편양 언기 (8조 鞭羊 彦機)
65조 풍담 의심 (9조 楓潭 義諶)
66조 월담 설제 (10조 月潭 雪霽)
67조 환성 지안 (11조 喚醒 志安)
68조 호암 체정 (12조 虎巖 體淨)
69조 청봉 거안 (13조 青峰 巨岸)
70조 율봉 청고 (14조 栗峰 青杲)
71조 금허 법첨 (15조 錦虛 法沾)
72조 용암 혜언 (16조 龍巖 慧言)
73조 영월 봉율 (17조 詠月 奉律)
74조 만화 보선 (18조 萬化 普善)
75조 경허 성우 (19조 鏡虛 惺牛)
76조 만공 월면 (20조 滿空 月面)
77조 전강 영신 (21조 田岡 永信)
78대 대원 문재현 (22대 大圓 文載賢)

대원 문재현 선사님 인가 내력

제 1 오도송

이 몸을 끄는 놈 이 무슨 물건인가?
골똘히 생각한 지 서너 해 되던 때에
쉬이하고 불어온 솔바람 한 소리에
홀연히 대장부의 큰 일을 마치었네

무엇이 하늘이고 무엇이 땅이런가
이 몸이 청정하여 이러-히 가없어라
안팎 중간 없는 데서 이러-히 응하니
취하고 버림이란 애당초 없다네

하루 온종일 시간이 다하도록
헤아리고 분별한 그 모든 생각들이
옛 부처 나기 전의 오묘한 소식임을
듣고서 의심 않고 믿을 이 누구인가!

此身運轉是何物
疑端汨沒三夏來
松頭吹風其一聲
忽然大事一時了

何謂靑天何謂地
當體淸淨無邊外
無內外中應如是
小分取捨全然無

一日於十有二時
悉皆思量之分別
古佛未生前消息
聞者卽信不疑誰

대원 문재현 선사님의 스승이신 불조정맥 제77조 조계종(曹溪宗) 전강(田岡) 대선사님께서 1962년 대구 동화사의 조실로 계실 당시 대원 문재현 선사님께서도 동화사에 함께 머무르고 계셨다.

하루는, 전강 대선사님께서 대원 선사님의 3연으로 되어 있는 제1오도송을 들어 깨달은 바는 분명하나 대개 오도송은 짧게 짓는다고 말씀하셨다. 이에 대원 선사님께서는 제1오도송을 읊은 뒤, 도솔암을 떠나 김제들을 지나다가 석양의 해와 달을 보고 문득 읊었던 제2오도송을 일러드렸다.

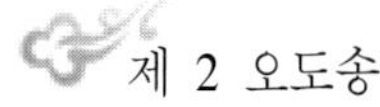

제 2 오도송

해는 서산 달은 동산 덩실하게 얹혀 있고
김제의 평야에는 가을빛이 가득하네
대천이란 이름자도 서지를 못하는데
석양의 마을길엔 사람들 오고 가네

日月兩嶺載同模
金提平野滿秋色
不立大千之名字
夕陽道路人去來

제2오도송을 들으신 전강 대선사님께서는 이에 그치지 않고 그와 같은 경지를 담은 게송을 이 자리에서 즉시 한 수 지어볼 수 있겠냐고 하셨다. 대원 선사님께서는 곧바로 다음과 같이 읊으셨다.

바위 위에는 솔바람이 있고
산 아래에는 황조가 날도다
대천도 흔적조차 없는데
달밤에 원숭이가 어지러이 우는구나

岩上在松風
山下飛黃鳥
大千無痕迹
月夜亂猿啼

전강 대선사님께서는 위 송의 앞의 두 구를 들으실 때만 해도 지그시 눈을 감고 계시다가 뒤의 두 구를 마저 채우자 문득 눈을 뜨고 기뻐하는 빛이 역력하셨다.

그러나 전강 대선사님께서는 여기에서도 그치지 않고 다시 한 번 물으셨다.

"대중들이 자네를 산으로 불러내고 그중에 법성(향곡 스님 법제자인 진제 스님. 동화사 선방에 있을 당시에 '법성'이라 불렸고, 나중에 '법원'으로 개명하였다.)이 달마불식(達磨不識) 도리를 일러보라 했을 때 '드러났다'고 답했다는데, 만약에 자네가 당시의 양무제였다면 '모르오'라고 이르고 있는 달마 대사에게 어떻게 했겠는가?"

대원 선사님께서 답하셨다.

"제가 양무제였다면 '성인이라 함도 서지 못하나 이러-히 짐의 덕화와 함께 어우러짐이 더욱 좋지 않겠습니까?' 하며 달마 대사의 손을 잡아 일으켰을 것입니다."

전강 대선사님께서 탄복하며 말씀하셨다.

"어느새 그 경지에 이르렀는가?"

"이르렀다곤들 어찌 하며, 갖추었다곤들 어찌 하며, 본래라곤들 어찌 하리까? 오직 이러-할 뿐인데 말입니다."

대원 선사님께서 연이어 말씀하시자 전강 대선사님께서 이에 환희하시니 두 분이 어우러진 자리가 백아가 종자기를 만난 듯, 고수 명창 어울리듯 화기애애하셨다.

달마불식 공안에 대한 위의 문답은 내력이 있는 것이다. 전강 대선사님께서 대원 선사님을 부르기 며칠 전에, 저녁 입선 시간 중에 노장님 몇 분만이 자리에 앉아있을 뿐 자리가 텅텅 비어 있었다고 한다.

대원 선사님께서 이상히 여기고 있던 중, 밖에서 한 젊은 수좌가 대원 선사님을 불렀다. 그 수좌의 말이 스님들이 모두 윗산에 모여 기다리고 있으니 가자고 하기에 무슨 일인가 하고 따라가셨다.

그러자 그 자리에 있던 법성 스님이 보자마자 달마불식 법문을 들고 이르라고 하기에 지체없이 답하셨다.

"드러났다."

곁에 계시던 송암 스님께서 또 안수정등 법문을 들고 물으셨다.

"여기서 어떻게 살아나겠소?"

대뜸 큰소리로 이르셨다.

"안·수·정·등."

이에 좌우에 모인 스님들이 함구무언(緘口無言)인지라 대원 선사님께서는 먼저 그 자리를 떠나 내려와 버리셨다.

그 다음날 입승인 명허 스님께서 아침 공양이 끝난 자리에서 지난 밤 입선시간 중에 무단으로 자리를 비운 까닭을 묻는 대중 공사를 붙여 산 중에서 있었던 일들이 낱낱이 드러나고 말았다. 그리하여 입선시간 중에 자리를 비운 스님들은 가사 장삼을 수하고 조실인 전강 대선사님께 참회의 절을 했던 일이 있었다.

전강 대선사님께서는 이때에 대원 선사님께서 달마불식 도리에 대해 일렀던 경지를 점검하셨던 것이다.

이런 철저한 검증의 자리가 있었던 다음 날, 전강 대선사님께서 부르시기에 대원 선사님께서 가보니 주지인 월산(月山) 스님께서 모든 것이 약조된 데에서 입회해 계셨으며 전강 대선사님께서는 곧바로 다음과 같이 전법게(傳法偈)를 전해주셨다.

전 법 게

부처와 조사도 일찍이 전한 것이 아니거늘
나 또한 어찌 받았다 하며 준다 할 것인가
이 법이 2천년대에 이르러서
널리 천하 사람을 제도하리라

佛祖未曾傳
我亦何受授
此法二千年
廣度天下人

덧붙여 이 일은 월산 스님이 증인이며 2000년까지 세 사람 모두 절대 다른 사람이 알게 하거나 눈에 띄게 하지 않아야 한다고 당부하셨다.

만약 그러지 않을 시에는 대원 선사님께서 법을 펴 나가는데 장애가 있을 것이라고 예언하셨다. 또한 각별히 신변을 조심하라 하시고 월산 스님에게 명령해 대원 선사님을 동화사의 포교당인 보현사에 내려가 교화에 힘쓰게 하셨다.

대원 선사님께서 보현사로 떠나는 날, 전강 대선사님께서는 미리 적어두셨던 부송(付頌)을 주셨으니 다음과 같다.

부 송

어상을 내리지 않고 이러-히 대한다 함이여
뒷날 돌아이가 구멍 없는 피리를 불리니
이로부터 불법이 천하에 가득하리라

不下御床對如是
後日石兒吹無孔
自此佛法滿天下

위의 송의 '어상을 내리지 않고 이러-히 대한다 함이여'라는 첫째 줄 역시 내력이 있는 구절이다.

전에 대원 선사님께서 전강 대선사님을 군산 은적사에서 모시고 계실 당시 마당에서 홀연히 마주쳤을 때 다음과 같은 문답이 있었다.

전강 대선사님께서 물으셨다.

"공적(空寂)의 영지(靈知)를 이르게."

대원 선사님께서 대답하셨다.

"이러-히 스님과 대담(對談)합니다."

"영지의 공적을 이르게."

"스님과의 대담에 이러-합니다."

"어떤 것이 이러-히 대담하는 경지인가?"

"명왕(明王)은 어상(御床)을 내리지 않고 천하 일에 밝습니다."

위와 같은 문답 중에 대원 선사님께서 답하신 경지를 부송의 첫째 줄에 담으신 것이다.

전강 대선사님께서 대원 선사님을 인가(印可)하신 과정을 볼 때 한 번, 두 번, 세 번을 확인하여 철저히 점검하신 명안종사의 안목에 탄복하지 않을 수 없으며 이에 끝까지 1초의 머뭇거림도 없이 명철하셨던 대원 선사님께 찬탄하지 않을 수 없다.

그리하여 법열로 어우러진 두 분의 자리가 재현된 듯 함께 환희용약하지 않을 수 없다.

이제 전강 대선사님과 약속한 2천년대를 맞이하였으므로 여기에 전법게를 밝힌다.

이로써 경허, 만공, 전강 대선사님으로 내려온 근대 대선지식의 정법의 횃불이 이 시대에 이어져 전강 대선사님의 예언대로 불법이 천하에 가득할 것이다.

바로보인 불법 ⑩

바로보인 선문염송(禪門拈頌)

27

대원 문재현 선사 역저

책을 내면서

『선문염송(禪門拈頌)』은 『전등록(傳燈錄)』과 더불어 세계 최대의 공안집(公案集)이다. 중국에서 출간된 『경덕전등록(景德傳燈錄)』의 양억이 쓴 서문에 의하면 경덕전등록 전30권에는 1,701명의 선사님이 실려 있다.

그런데 선사님 한 분의 어록 안에 여러 공안이 실려 있으므로 전체 공안의 수는 책에 실린 선사님의 수보다 훨씬 많다고 할 것이다.

『선문염송』 역시 본 공안만 해도 1,463칙으로 이루어져 있다. 게다가 각 공안마다 많게는 수십 분, 적게는 한두 분 선사님의 법문과 송(頌)이 딸려 있고, 각 법문과 송에 또한 많은 공안도리가 숨어 있으니 그것들을 다 든다면 만 여 공안이 넘어 오히려 『전등록』의 공안 수를 훨씬 웃돌 것이라고 본다.

이러한 보배 중의 보배가 설두(雪竇) 선사님의 후신이라고 일컬어지는 고려 진각(眞覺) 국사님에 의해 완성되어 우리나라에서 초유로 간행되었으니 자랑스러운 일이라 아니할 수 없다.

『선문염송』을 보며 석가모니 부처님께서 병에 따라 약을 주시듯 근기에 따라 갖은 방편을 다하여 자유자재 수행인을 제접하신 바가 참으로 희유한 법인 공안도리를 이루게 되었다는 것에서 새삼 경외감을 느꼈다. 또한 설두 선사와 진각 국사 두 몸에 걸쳐 끝내 이 공안집의 완성을 이루신 그 서원에 감동하였다.

그러하니 혼자 몸으로 이 『선문염송』의 전 공안을 번역하고 평하여 바로 보이신 스승님의 지혜와 자비, 원력에 어찌 찬탄의 말씀을 드리지 않을 수 있을까.

『선문염송』은 앞에서도 이야기했듯 우선 본칙부터 전 공안을 망라하다시피 한 방대한 양이며 이에 대해 많은 선사님들의 법문까지 결집해 놓은 터라 부처님으로부터 각 선사님들의 법 쓰시는 바를 손바닥 들여다보듯 하지 않고는 제대로 번역할 수가 없다.

그러므로 이것은 번역이 아니라 다시금 보이셨다는 말이 걸맞을 것이다.

'양구(良久)'라는 한마디도 어떻게 번역하느냐에 따라 수행인이 더욱 분명히 공안을 참구하는 계기가 되는 것이다. 선사님들이 말없이 계시는 내역을 바로 짚기란 여간 어려운 것이 아닌데 스승님께서는 이를 의로(意路)에 따라 읽어내어 '잠잠히 있다가' 혹은 '말없이 보이고'로 번역하셨다.

또한 양구의 내역뿐 아니라 법문의 어디에 선사님들의 참 의중인 공안이 숨어있는가를 고스란히 드러내어 그 공안을 바로 참구할 수 있게끔 번역하셨으니 공안참구의 길잡이 역할을 하셨다는 것을 독자들은 바로 알아차릴 수 있을 것이다.

게다가 난해하기로 유명한 『선문염송』, 어떤 선사도 감히 전 공안에 대해 입을 벌리지는 못했는데 스승님께서는 최초로 전 공안에 취모검 휘두르기를 두려워하지 않으셨다.

한마디로 일체종지를 통달한 이가 아니고는 애시당초 엄두도 내지 못할 일을 거침없이 각 칙마다 일러가셨으니 그 통달한 지혜에 누군들 탄복하지 않을 수 있을까.

더불어 평생에 걸쳐서라도 이 공안집 30권을 바로 보이시겠다는 스승님의 원력과 노고를 잊을 수가 없다. 당신이 아니면 할 수 없는 일이라는 사명감에 국제선원을 짓는 불사와 전국의 제자를 가르치는 와중에도 1992년도부터 9년째 『선문염송』 작업을 놓지 않으셨다.

지금도 눈에 환히 떠오르는 것은 주말마다 선원에 가면 밤늦게까지 불켜진 스승님의 방, 방문을 열면 책상 앞에서 『선문염송』 작업을 하다가 고개를 들어 웃어주시며 피곤한 눈가에 맺힌 눈물을 닦아내시던 스승님의 모습이다.

하루에도 여러 번 불사현장을 오가느라 지친 몸에도 작업을 보면 떨치고 일어나 앉으셨다. 그때마다 얼마나 죄스럽고 안타까운 마음이었던가.

『바로보인 전등록』 전 30권의 완역과 더불어 이 『바로보인 선문염송』 30권의 역저로 스승님의 번개 같은 지혜와 후학자를 위한 자비의 빛이 제불보살님, 뭇 선사님들의 광휘와 더불어 스러지지 않을 것을 믿는다.

『선문염송』30권 중 1권은 대부분 석가모니 부처님께서 보이신 공안으로 이루어져 있다. 당시에 이러한 공안도리로써 제접하셨다니 부처님께서는 시공을 초월한 분이란 것을 증명한 대목이라 아니할 수 없다.

그럼에도 불구하고 공안도리가 마치 석가모니 부처님 당대에는 없었던 조사님들만의 특별한 법인 양 말씀하시는 분들이 많은 것이 안타깝다.

조사님들이 최상승인 조사선 도리로 제창하셨다 하나 부처님과 비교하는 것은 당초에 어리석은 논의라고 본다.

부처님께서 영산회상에서 꽃 들어 보인 소식 하나만 보더라도 그러하다. 여기 어찌 조사선, 여래선을 논하랴.

꽃 들어 보임에 온통 법계라
가섭이 미소지음 흔연히 나뉨없어
이 소식 알런가
덩실 덩실 더덩실

2000년 9월 1일

진성(眞性) 윤주영(尹柱瑛)

서 문

말세가 되어 마(魔)는 강해지고 법(法)은 쇠약해져 사법(邪法)을 추구하는 사람들이 늘어나면서 사법이 무성해지고 세상이 혼란해지니 그 어느 때보다도 정법(正法)이 요구되는 시점이다. 그래서 미력하나마 감히 어둠을 밝히는 등불이 되기를 결심한 터였다.

그런데 부산에 사는 하목원님이 염송번역 본문 두어 권을 가지고 와서 '내가 보아도 번역을 이렇게 해서 되겠나 하는 대목이 많아서 가져왔습니다. 아무리 교화에 바쁘시더라도 스승님께서 틈을 내셔서 번역을 하셔야 되겠습니다.'라고 간곡히 청하여 『선문염송』 번역에 착수하게 되었다.

부처님과 조사님들의 가르침은 오직 깨달음에 뜻이 있다. 그 가르침의 진수만을 진각 국사께서 가려 결집해 놓은 것이 바로 『선문염송』이다. 이 주옥 같은 공안들을 누구나 볼 수 있어야 하는데 한문 원본으로 있거나 부처님들과 조사님들의 근본 뜻과는 먼 번역본들뿐이니 어떠한 일이 있어도 금생에 완역을 하여 불조의 뜻을 바로 보게 하겠다는 맹세를 스스로 하게 되었다.

그러나 막상 번역에 착수하고 보니 오자는 아님에도 여러 본을 구해놓고 보아도 뜻이 통하지 않는 대문이 많았다. 그럴 때마다 국내 대형 서점을 돌아다니며 옛 한자사전 또는 대형 한자사전을 구해서 조사님 당대에는 그 글자가 어떠한 뜻으로 쓰였는가를 찾고, 그것이 위아래 뜻에 통하는가 관조하여 불조(佛祖)의 본 뜻에 어긋나지 않는 번역이 되도록 최선을 다하였다.

그러나 혹 미비한 점이 있다면 강호제현님들의 명안책언(明眼嘖言)이 있기를 바란다.

이 책이 나오기까지 편집·윤문에 진성 윤주영, 제작·교정에 도명 정행태, 진연 윤인선이 수고한 바에 깊이 감사한다.

또한 이 책을 보는 이들 모두가 성불(成佛)로 회향(回向)되기만을 빈다.

어떻게 회향할 것인가?

옥녀봉 위 흰 구름 한가롭고
광암의 저수지 짙푸르다
진연아, 차 한 잔 내오렴

단기(檀紀) 4333년

불기(佛紀) 3027년

서기(西紀) 2000년

무등산인 대원 문재현
(無等山人 大圓 文載賢)

차　례

◇ 부 록

일러두기

1. 장설봉(張雪峰) 선사님께서 현토한 본을 가지고 번역하되 뜻이 통하지 않는 곳은 동국대 역경원본, 백봉(白峯) 거사본을 모두 참고하여 오자가 없고 본 공안 이치에 어김이 없도록 최선을 다하였다.
2. 위와 같이 여러 본을 두루 살펴보아도 뜻이 통하지 않는 경우에는 그 조사(祖師) 당시에 그 글자가 어떤 뜻으로 쓰였는지 옛 한자 사전을 찾아 번역하였다.
3. 특별한 일화나 선가(禪家)에서 두루 쓰였던 용례를 모르고는 번역할 수 없는 것들은, 중국의 고사성어 사전이나 일본과 중국의 최대 표제어의 선어사전(禪語辭典)에서 찾아 번역하였다.
4. 원문의 한자는 오자(誤字)가 적은 장설봉 선사님께서 현토한 본을 기본으로 입력하였으나, 고자(古字)가 많아서 입력이 어려운 경우 현대에 널리 쓰이는 동자(同字)를 취하여 입력하였다. 또한, 장설봉 현토본에도 오자가 있을 때에는 동국대 역경원본을 참고하였다.
5. 각 칙마다 역저자인 대원 문재현 선사님의 도움말과 시송을 더하여 공안의 본 뜻을 들추어내 놓았다.
6. 제목은 본칙의 핵심이 되는 공안도리로 다시 정하였다. 그것이 마땅치 않을 때는 무엇에 대해 문답하고 있는지를 살펴서 문답의 주제나 소재를 제목으로 하였다. 그리고 원 제목을 가지고 공안을 찾는 분들의 불편함이 있을까 하여 차례의 제목 옆으로 〔 〕 안에 원 제목을 넣어 공안을 찾아보기 쉽도록 하였다.

1212칙 연꽃

 본 칙

익주 정중사 귀신 선사에게 어떤 선승이 물었다.

"연꽃이 물에서 나오기 전에는 어떠합니까?"

귀신 선사가 대답하였다.

"연꽃이 흐르는 못에 가득하다."

선승이 다시 물었다.

"물에서 나온 뒤엔 어떠합니까?"

귀신 선사가 말하였다.

"잎이 져도 가을인 줄 모르느니라."

益州淨衆寺歸信禪師 因僧問 蓮花未出水時如何 師云 菡萏滿池流 僧云 出水後如何 師云 葉落不知秋

ꔾ 단하순 선사 송

흰 연뿌리 싹트기 전에도 숨은 적이 없고
붉은 꽃 물에서 나와도 드러난 적이 없다
나그네여, 소식을 전하려 하지도 말라
본래의 맑은 가풍이 길이길이 향기를 전한다네

丹霞淳 頌
白藕未萠非隱的
紅花出水不當陽
遊人莫用傳消息
自有淸風遆遠香

☁ 천동각 선사가 이 칙을 들고 말하였다.

이능[1]은 한(漢)의 절개를 지켰지만 반랑[2]은 나귀를 거꾸로 탔다.

天童覺 拈 李陵持漢節 潘閬倒騎驢

1) 이능(李陵) : 전한의 장군. 한무제의 명령으로 흉노와 대적했는데, 5천 명의 군사로 8만의 흉노군과 싸우다가 패하고 포로가 되었다. 끝내 절개를 지켰으나 한의 다른 신하들에 의해 적과 내통한다는 모함을 받아 황제가 3족을 멸하였다.
2) 반랑(潘閬) : 과거에 급제하러 갔다가 황제 앞에서 미치광이 시늉을 하고 쫓겨났으며, 뒤에 승려가 된 뒤 나귀를 거꾸로 타고 다녔다.

 대원 문재현은 이 칙을 모두 들고나서 이르노라.

어떤 이가 "연꽃이 물에서 나오기 전에는 어떠합니까?" 묻는다면 나는 "그것은 그렇지." 하고, 또 "물에서 나온 뒤엔 어떠합니까?" 묻는다면 나는 안경을 집어들고 "이것은 이렇다네." 할 것이다.

험.

1213칙 운광이 소가 되었다는 의미

 본 칙

양주 석문산 혜철 선사에게 어떤 선승이 물었다.

"운광(雲光)이 소가 되었다[3]는 의미가 무엇입니까?"

혜철 선사가 대답하였다.

"좁은 골목에서는 금빛 말을 타지 않고, 돌아오는 길에는 떨어진 저고리를 입느니라."

襄州石門山慧徹禪師 因僧問 雲光作牛意旨如何 師云 陋巷 不騎金色馬 廻途 却着破襴衫

---

3) 운광 법사가 법화경을 설할 때 하늘에서 꽃비가 내렸다고 한다. 그렇게 경전을 잘 설했으나 운광 법사는 평생 소고기 먹기를 즐겼다. 보지공 화상이 타일러도 고치지 않고 "내가 먹는 것은 먹는 것이 아니다."라고 했다. 운광 법사가 죽은 다음 업을 따라 소가 되었는데, 하루는 수레를 끌다가 수레가 진흙구덩이에 빠져 당겨도 당겨도 벗어날 수가 없었다. 주인에게 계속 얻어맞으면서 수레를 당기고 있는데, 지나가던 보지공 화상이 관하여 본 뒤, "운광이여, 먹음이 먹음 아니라 했는데, 왜 지금은 당김이 당김이 아니라고 말하지 않는가?"라고 말하였다. 이에 소가 머리를 돌려 수레바퀴에 머리를 부딪쳐 자결하였다.

☁ 단하순 선사 송

상서로운 풀더미 가운데 느긋이 잠자려다
한가로이 다니는 곳곳에 속박 없이 자재하네
털 쓰고 뿔 인 뜻, 사람들 알지 못하니
알리기 위한 목동의 채찍도 소용없네

丹霞淳 頌
瑞草叢中懶欲眠
徐行處處逈翛然
披毛戴角人難識
爲報芒童不用鞭

 대원 문재현은 이 칙을 모두 들고나서 이르노라.

어떤 이가 "운광(雲光)이 소가 되었다는 의미가 무엇입니까?"라고 내게 묻는다면 할을 하고 묻는 이가 이 할에 분명하다면 다시 한 대 때리고 "이러하니 후백장의 '매하지 않는다.' 한 도리까지도 분명하리라." 했을 것이다.

1214칙 달이 천 강에 비치니

 본 칙

병주 광복 도은 선사에게 어떤 선승이 물었다.
"여러 집 신도가 동시에 청한다면 어느 집으로 가시렵니까?"
도은 선사가 대답하였다.
"달이 천 강에 비치니, 문턱마다 모두 중이 있느니라."

幷州廣福道隱禪師 因僧問 數家檀越 同請 未審赴誰家 師云 月應千江水 門門 盡有僧

☁ 단하순 선사 송

묘하고 두렷하여 상 없는 겁 전의 사람이
류를 따라 백억 몸을 방편으로 나툰다
달밤의 대궐 누각에 새벽을 알리자마자
동트는 여섯 나라가 모두 봄임을 안다네

丹霞淳 頌
妙圓無相劫前人
隨類權分百億身
月夜御樓纔報曉
平明六國盡知春

 대원 문재현은 이 칙을 모두 듣고나서 이르노라.

장등은 밤 뜰 앞을 밝히는데
뒷산의 두견이는 밤노랠세
맑은 하늘 별들은 꽃밭이고
새벽목탁 고요를 타는구나
본래부터 이러한 도량인데
하나같이 대웅전을 향해 가네

(또 읊기를)

일천 강에 일천 달을 나투듯이
문턱마다 중 있다는 도은 말씀
돌사내 춤추는 날, 알 것일세

1215칙 윗굴의 진흙인가, 아랫굴의 진흙인가

 본 칙

천주 초경원 도광 선사가 운력으로 진흙을 짊어져 나르는 날, 도중에 주장자를 짚고 서서 어떤 선승에게 물었다.

"윗굴의 진흙인가, 아랫굴의 진흙인가?"

선승이 대답하였다.

"윗굴의 진흙입니다."

도광 선사가 한 대 때렸다.

또 다른 선승에게 물었다.

"윗굴의 진흙인가, 아랫굴의 진흙인가?"

선승이 말하였다.

"아랫굴의 진흙입니다."

도광 선사가 다시 또 때리고는 다시 명초 선사에게 물었다.

명초 선사가 진흙 짐을 벗어버리고, 차수하고 서서 말하였다.

"스님, 감정하십시오."

도광 선사가 그만두었다.

泉州招慶院道匡禪師 普請擔泥次 中路 按柱杖 問僧云 上窟泥 下窟泥 僧云 上窟泥 師打一棒 又問一僧 上窟泥 下窟泥 僧云 下窟泥 師亦打一棒 又問明招 招放下泥擔 叉手云 請師鑑 師便休

ꩲ 운문고 선사가 이 칙을 들고 말하였다.

초경이 비록 그만두었으나 명초 선사가 달갑게 여기지 않음이야 어쩌랴. 운문이 그때에 그가 진흙 짐을 벗어버리고 "스님, 감정하십시오." 하는 것을 보았더라면 당장 등줄기를 한 대 때려서 그가 어떻게 대처하는지 보았을 것이니라.

雲門杲 擧此話云 招慶 雖然休去 爭奈明招不甘 雲門 當時 若見他放下泥擔 云 請師鑑 劈脊也與一棒 看他如何折合

 대원 문재현은 이 칙을 모두 들고나서 이르노라.

(운문고 선사가 말한 것까지 들고)
어떻게 했어야 운문 선사의 방망이 감정을 면하겠는가?
(말없이 보이고)

윗굴은 높고 높아 하늘을 꿰뚫었고
아랫굴은 깊고 깊어 바닥 뚫어 지났다
한 짐 흙의 작대기도 고향을 누설커늘

1216칙 용의 문하

 본 칙

복주 보자 광운 혜각 선사가 어떤 선승에게 물었다.

"요즘 어디서 떠났는가?"

선승이 대답하였다.

"와룡에서 왔습니다."

혜각 선사가 다시 물었다.

"거기에 얼마나 있었는가?"

선승이 대답하였다.

"겨울을 지내고 여름을 지냈습니다."

혜각 선사가 다시 물었다.

"용의 문하에는 객이 묵는 일이 없거늘 어째서 거기에 그렇게 오래 있었는가?"

선승이 대답하였다.

"사자의 굴 안에는 딴 짐승이 없습니다."

혜각 선사가 다시 물었다.

"그대는 사자의 영각을 해보라."

선승이 말하였다.
"제가 사자의 영각을 하면 곧 화상도 있을 수 없습니다."
혜각 선사가 말하였다.
"그대가 새로 온 것을 생각해서 그대에게 삼십 방망이를 때려야겠다."

福州報慈光雲慧覺禪師 問僧 近離甚處 僧云 臥龍 師云 在彼多少時 僧云 經冬過夏 師云 龍門 無宿客 爲甚在彼許多時 僧云 師子窟中無異獸 師云 汝試作師子吼看 僧云 若作師子吼 卽無和尚 師云 念汝新到 且放汝三十棒

설두현 선사가 말하였다.

괴이하도다. 여러 선덕들아, 만일 평탄하게 펼쳐 놓으면 양쪽이 서로 상하지 않으나, 법령에 의거한 즉 피차 모두 위태로우니, 점검해낼 수 있겠는가?

雪竇顯 云 奇怪 諸禪德 若平展則兩不相傷 據令則彼此俱嶮 還點檢得麽

 대원 문재현은 이 칙을 모두 들고나서 이르노라.

사자의 영각을 해보라 했을 때에

“3 3은 뒤집어도 9를 이루고, 6 6은 곱하여도 0일세. 저의 영각은 이렇습니다.” 했어야 했다.

험!

1217칙 차 화로

본 칙

천주 태부 왕연빈이 초경원에 들어와 차를 끓이는데 낭 상좌가 명초 선사와 주전자를 잡았다가 갑자기 차 주전자를 뒤엎자 태부가 보고 물었다.

"상좌여, 차 화로 밑에 무엇입니까?"

낭 상좌가 말하였다.

"화로를 받드는 신이 있습니다."

태부가 다시 물었다.

"화로를 받드는 신이 있다면 어째서 차를 뒤엎습니까?"

낭 상좌가 대답하였다.

"천 날 벼슬살이도 하루 아침에 잃습니다."

태부가 소매를 흔들고 떠나자 명초 선사가 말하였다.

"낭 상좌는 초경의 밥을 먹고서도 강가로 마른 나무를 하러 가듯 하는구나."

낭 상좌가 말하였다.

"상좌는 어떠시오?"

명초 선사가 대답하였다.

“사람 아닌 것이 그 편의를 얻었느니라.”

(설두현 선사가 말하였다.

“그때에 차 화로를 밟아서 쓰러뜨렸어야 했을 것이다.”)

泉州大傅王延彬 入招慶院 煎茶次 朗上座與明招 把銚 忽飜却茶銚 大傅見 乃問 上座 茶爐下 是什麽 朗云 捧爐神 大傅云 旣是捧爐神 爲什麽飜却茶 朗云 仕官 千日 失在一朝 大傅拂袖便去 明招云 朗上座 喫却招慶飯了 却向江外 打野榸 朗云 上座 作麽生 招云 非人 得其便(雪竇顯云 當時 但踏倒茶爐)

◌ 설두현 선사 송

와서 물음이 가풍을 이뤘다면
근기에 응함이 좋은 방편 못 되었네
가엾구나! 외눈박이 용이
이빨도 발톱도 내밀지 못했구나
이빨과 발톱 열어서 우레 같은 가풍 내놓을
물 거스르는 파도를 몇 번이나 면했던고

雲竇顯 頌
來問若成風
應機非善巧
可悲獨眼龍
曾未呈牙爪
牙爪開生風雷
逆水之波經幾廻

ꩰ 대위철 선사가 이 칙을 들고 말하였다.

왕 태부는 마치 인상여가 진(秦)에 가서 구슬을 빼앗아온 것 같아서 성난 모발이 관을 찔렀고, 명초 선사는 참지를 못하여 좋은 기회를 만나지 못했다.

대위가 만일 낭 상좌였더라면 그때에 보고 물었을 때 껄껄 웃기만 했으리라. 무슨 까닭인가? 보는 자체에서 취하지 못하면 천 년이 되어도 이르를 수 없기 때문이니라.

大潙喆 拈 王大傅 大似相如奪璧 怒髮 衝冠 明招 也是忍俊不禁 難逢快便 大潙 若做朗上座 當時 見問 但呵呵大笑 何故 見之不取 千載難追

 대원 문재현은 이 칙을 모두 듣고나서 이르노라.

"상좌여, 차 화로 밑에 무엇입니까?" 할 때 "방바닥의 찻물도 누설하오." 했어야 했는데 가문의 우세다.

"천 날 벼슬살이도 하루 아침에 잃습니다." 할 때 한 대 먹였어야 했는데 이빨과 발톱 쓰지 못한 사자꼴을 못 면했군.

돌멩이는 물 아래로 가라앉고
부평초는 물 위로 떠오르듯
모두가 편한 상황 따르네

1218칙 저것은 무슨 발우입니까

 본 칙

왕 태부가 불전에 들어왔다가 발우를 가리키면서 전주(殿主)에게 물었다.

"저것은 무슨 발우입니까?"

전주가 대답하였다.

"약사불의 발우입니다."

왕 태부가 말하였다.

"용을 항복시킨 발우[4]가 있다는 말만 들었소."

전주가 말하였다.

"용이 있기만 하면 항복시킵니다."

왕 태부가 말하였다.

---

4) '용을 항복 받은 발우'라는 말은 육조 대사의 일화에서 나온 말이다. 육조 대사가 보림사에 있을 때, 절 앞 뜰에 큰 용소(龍沼)가 있어서 거기에 독룡이 살면서 수풀을 휘젓고 사람에게 해를 끼치자, 하루는 그 독룡을 보고 "네가 다만 큰 몸은 나툴 줄은 알되 작은 몸은 나투지 못하는구나. 신룡(神龍)이라면 마땅히 작게 나툴 수도 있어야 하리라."라고 하였다. 이에 큰 독룡이 홀연히 사라져 작은 몸으로 나타났다. 이때 육조 대사가 발우를 내밀면서 "노승의 발우 속으로 들어와 보아라."라고 하니 그 독룡이 육조 대사의 발우 속으로 들어갔다. 육조 대사가 발우를 들고 법당으로 가서 상당하여 설법하니 그 용이 드디어 몸을 벗어 제도를 받았다는 일화이다.

"혹 구름을 몰고, 파도를 움켜쥐고 오면 어찌하겠소?"

전주가 말하였다.

"그것 또한 돌아보지도 않습니다."

왕 태부가 말하였다.

"말〔話〕에 떨어졌도다."

王太傅因入佛殿 指鉢盂 問殿主 這介是什麽鉢 主云 藥師鉢 傅云 只聞有降龍鉢 主云 待有龍卽降 傅云 或遇拏雲攫浪來 又作麽生 主云 他亦不顧 傅云 話墮也

ꩰ 현사 선사가 말하였다.

그대의 신통력을 다한들 어딜 향해 달린다 하겠는가?

玄沙 云 盡你神力 走向什麽處去

⇔ 보복 선사가 말하였다.

불·법·승에 귀의합니다.

保福 云 歸依佛法僧

ꕤ 백장 선사가 말하였다.

늘 하듯 발우를 덮는 시늉을 하리라.

百丈 常作覆鉢勢

ꩰ 운문언 선사가 말하였다.

다른 날, 천상에 태어나거든 노승을 저버리지 말라.

雲門偃 云 他日生天 莫辜負老僧

ꕥ 법진일 선사가 이 칙을 들고, 이어 현사·보복·운문·백장 선사가 이 칙을 들어 말한 것을 들고 말하였다.

아무리 대단하더라도 모름지기 땅으로부터 일으킨 것이니, 다시 높이 하늘이 있음을 어찌하겠는가?
하(何)!

法眞一 擧此話 連擧玄沙保福雲門百丈拈 師云 任大也須從地起 更高爭奈有天 何

ꩻ 대위철 선사가 이 칙을 들고 말하였다.

전주는 앞만 볼 줄 알았고, 뒤를 돌아볼 줄은 몰랐다. 태부는 위세를 다 부렸는데 전주는 여전히 발우에 덮여 있었구나. 대위가 그때에 그가 "혹 구름을 몰고, 파도를 움켜쥐고 오면 어찌하겠소?" 하는 것을 보았더라면 발우를 번쩍 들고 "그대의 신통력을 다하여 8대 용왕이 모두 와서 위세를 마음대로 떨치더라도 놀라 두려워하는 모양을 짓는 것에 불과하니라." 했어야 한다.

大潙喆 拈 殿主 只知瞻前 不知顧後 太傅 神威旣逞 殿主 鉢盂猶覆 大潙當時 若見他道拏雲攫浪來時如何 托起鉢盂道 盡汝神力 直饒八大龍王來也 只得振威尾愬

 대원 문재현은 이 칙을 모두 들고나서 이르노라.

태부는 위세를 떨친다고 했지만 변변치를 못했고, 전주는 대답을 하노라고 했지만 앵무새꼴을 못 면했다.

당시에 "저것은 무슨 발우입니까?" 할 때 좌구를 들고 "똑바로 전하시오."라고만 했어야 했다.

1219칙 은발우에 담긴 눈

 본 칙

악주 파릉 신개 호감 선사에게 어떤 선승이 물었다.
"어떤 것이 제바종입니까?"
호감 선사가 대답하였다.
"은발우 안에 담긴 눈〔雪〕이니라."

岳州巴陵新開顥鑑禪師 因僧問 如何是提婆宗 師云 銀椀裏盛雪

◌ 설두현 선사 송

신개 노인이 분명히 판별함이여
은발우에 담긴 눈이라고 말했네
구십육의 외도들이 응당 스스로 알 것이거늘
알지 못하고 도리어 하늘가의 달에게 물었다네
제바종이여, 제바종이여!
붉은 깃발 밑에서 맑은 바람 일도다

雪竇顯 頌
老新開端的別
解道銀椀裏盛雪
九十六介應自知
不知却問天邊月
提婆宗提婆宗
赤幡之下起清風

∽ 해인신 선사 송

많이 불린 순금이요
맑은 못의 밝은 달일세
남 · 북 · 동 · 서에
우열을 누가 가름하랴
지난 밤에 한바탕 봄바람 불어와
천 산, 만 산의 눈을 다 쓸어버렸느니라

海印信 頌
大冶精金
澄潭皎月
南北東西
孰分優劣
昨夜春風一陣來
掃盡千山萬山雪

☁ 보녕용 선사 송

인천(人天)의 모임에서 승속을 나누고
용상당 앞에서 옳고 그름 정한다 하나
삿된 마와 이류를 무엇하러 가리랴
모두가 이 가운데 돌아오게끔 하였네

保寧勇 頌
人天會上分緇素
龍象堂前定是非
選甚邪魔幷異類
好教齊向此中歸

○ 숭승공 선사 송

은발우에 담긴 눈이라는 속임을 속임으로 전하니
어느 누가 제바종을 가려내리오
해오라기가 눈 위에 섰으나 같은 빛 아니요
밝은 달빛의 갈대꽃이 그와 같지 않네
그와 같지 않음이여
현각 화상은 증도가를 말하기를 그만두라
언제나 이기고 지는 것이 모두 소하[5]에 매였으니
뉘라서 칼집에서 나온 것이 취모검임을 알꼬

崇勝珙 頌
雪滿銀盂訛轉訛　何人能此辨提婆
鷺鷥立雪非同色　明月蘆花不似他
不似他　　　　　覺老休談證道歌
從來成敗盡蕭何　誰知出匣有吹毛

5) 소하(蕭何) : 성공한 것도 소하 때문이고 패한 것도 소하 때문이라는 말이 있다. 이것은 항우 밑의 한신이 소하의 말을 따라 유방에게로 와서 큰 공을 세웠으나, 후에 유방에게 죽음을 당할 때에 역시 소하의 계책에 따라 죽음을 당하게 되었기 때문이다.

ᨆ 불감근 선사 송

은발우에 담긴 눈이여
찬 빛이 맑고도 밝도다
완연히 스스로 이러-해서 또한 진이랄 것도 없는데
파릉이 아니면 누가 판별하리오

佛鑑勤 頌
銀盌裏盛雪
寒光淸皎潔
宛然自是又非眞
不是巴陵孰分別

∽ 천동각 선사의 문답

천동각 선사가 상당하였는데 어떤 선승이 물었다.

"기억하건대 어떤 선승이 파릉 선사에게 물으니 '은발우 안에 담긴 눈이니라.' 하였는데, 이 뜻이 무엇입니까?"

천동각 선사가 대답하였다.

"아직 한 가지 빛에 떨어져 있도다."

선승이 다시 물었다.

"그렇다면 빈 배에 달빛만 가득히 싣고 어부는 갈대꽃 속에 자겠습니다."

천동각 선사가 도리어 물었다.

"굴린 뒤엔 어찌하겠는가?"

선승이 다시 말하였다.

"용이 물을 얻을 때에 의기가 더하고 범이 산을 만날 때에 위험과 용맹을 더하겠습니다."

천동각 선사가 말하였다.

"교섭이 끊어졌구나."

선승이 다시 물었다.

"그러면 화상께서 말씀해 주시기 바랍니다."

천동각 선사가 말하였다.

"왕자를 낳은 아버지를 알고자 하는가? 학이 은 둥우리를 벗어나

하늘로 올랐느니라."

그리고는 이어 말하였다.

"살림하는 것을 오늘부터 옛사람에게 맡기노니, 판두 멀리한 지 오랜만에 다시 친해졌도다. 은하수와 달빛이 긴 강과 혼연하여 아득히 맑은 빛 한 빛으로 두루하도다. 이런 시절이 공훈에 떨어지랴. 편안히 누운 이라야 몸 굴릴 줄 아느니라. 몸을 굴린 뒤엔 아는가? 춥고 가난하여 얼굴과 입이 검게 터져 갈라졌네."

天童覺 上堂 僧問 記得 僧問巴陵至銀椀裏盛雪 未審此意如何 師云 猶墮一色在 進云 恁麽則滿船空載月 漁父宿蘆花 師云 轉却後作麽生 進云 龍得水時添意氣 虎逢山處長威獰 師云 且喜沒交涉 進云 却請和尙道 師云 欲識誕生王子父 鶴騰霄漢出銀籠 師乃云 活計 如今付舊人 版頭踈久又還親 星河月與長江混 渺渺淸光 一色匀 底時節 落功勳 臥穩須知却轉身 轉得了來相識麽 寒窮面觜黑皴皴

 대원 문재현은 이 칙을 모두 들고나서 이르노라.

당시에 이 사람이었다면 "어떤 것이 제바종입니까?" 할 때 "방석 위 죽비도 나를 앞질러 누설했다." 했을 것이다.

1220칙 산호의 가지마다 달빛이 가득하다

 본 칙

파릉 선사에게 어떤 선승이 물었다.
"어떤 것이 취모검입니까?"
파릉 선사가 대답하였다.
"산호의 가지마다 달빛이 가득하다."

巴陵因僧問 如何是吹毛劍 師云 珊瑚枝枝撑着月

ఌ 설두현 선사 송

바르고자 하면 바를 수 없고
크게 공교로움 졸렬함 같네
혹은 손가락 혹은 손바닥이여
하늘에 찌르고 눈〔雪〕을 비춘다
큰 대장장이는 숫돌에 갈기를 그치지 않고, 좋은 장인은 털고 닦기를 쉬지 않는다고?
그러지 말라 그러지 말라
산호의 가지마다 달빛이 가득하네

雪竇顯 頌
要平不平
大巧若拙
或指或掌
倚天照雪
大冶兮磨礲不下
良工兮拂拭未歇
別別
珊瑚枝枝撑着月

☁ 장령탁 선사 송

값이 삼천 량이어서 꾀할 수 없으니
천고에 억지로 이름만 베끼도록 하네
북쪽 변방의 전쟁 멈춘 지 오랜지라
강남의 자고새 노래 떠오르네

長靈卓 頌
價重三千不可圖
從敎千古强名摸
長因塞北煙塵息
記得江南啼鷓鴣

☁ 숭승공 선사 송

산호의 가지마다 달빛이 가득하다 함이여
늠름한 취모검, 석 자의 쇠로세
온 들판, 산마루마다 눈이 내려 덮임이여
갈림길에서 누가 옛 자취를 묻는가
옛 자취 보이는가, 보이지 않는가?
가죽 밑에 피가 있는 사나이 몇 명인고?

崇勝珙 頌
珊瑚枝枝撐着月
凛凛吹毛三尺鐵
遍野連山堆霰雪
路歧誰問舊時轍
舊時轍瞥不瞥
幾介男兒皮下有血

∽ 심문분 선사 송

변성을 몸소 지키는 역할에서 벗어나
돌아와 남 몰래 봄 수풀 구경함이여
대궐 누각 앞 언덕을 소리로 일러주었으나
그의 얼굴과 맞닥뜨렸음을 시종이 알지 못하네

心聞賁 頌
脫得邊城戍役身
却來偸賞上林春
御樓前畔低聲語
不覺衝他皃事人

ⓒ 천동각 선사가, 어떤 선승이 임제 선사에게 "어떤 것이 취모검입니까?"라고 물으니, 임제 선사가 "재앙이다. 재앙이다." 하였고, 선승이 절을 하니 임제 선사가 때렸다 한 것을 들고 또 이 칙을 들고 말하였다.

사람을 죽이는 검이라 티끌 만한 헤아림도 없고, 사람을 살리는 검이라 한 티럭도 상함이 없느니라.

의기가 있을 때에 의기를 더함이요, 풍류가 없는 곳의 풍류니라.

天童覺 擧僧問臨濟 如何是吹毛劒 濟云 禍事禍事 僧 便禮拜 濟便打 又擧此話 師云 殺人刀 一毛不度 活人劒 一毫不傷 有意氣時 添意氣 不風流處 也風流

 대원 문재현은 이 칙을 모두 듣고나서 이르노라.

버들재 산매화 개나리고
진달래 살구꽃 철쭉이며
장미꽃 능소화 무궁화네

(또 읊기를)

실버들 강가에 춤을 추고
아련한 장구소리 흥겹구나
증오야, 대금 한 곡 부르렴

1221칙 닭은 추우면 나무로 올라가고, 오리는 추우면 물로 내려가느니라

본 칙

파릉 선사에게 어떤 선승이 물었다.

"조사의 뜻과 교(敎)의 뜻이 같습니까, 다릅니까?"

파릉 선사가 말하였다.

"닭은 추우면 나무로 올라가고, 오리는 추우면 물로 내려가느니라."

巴陵因僧問 祖意教意是同 是別 師云 鷄寒上樹 鴨寒下水

꩜ 투자청 선사 송

조사의 뜻과 같은가 다른가 분명한 뜻을 물었는데
값없는 것으로 그에게 대답했네
밤이 조용하자 낚싯줄을 드리운 이가
해와 달을 다 거둘 줄 알았네

投子青 頌
同別祖意問端由
便將無價與他酬
絲綸夜靜人垂釣
曉得金烏帶月收

☁ 보녕용 선사 송

지난 밤 삼경에 손가락을 구부림이여
세간에 사람들 말일랑 그만두라
빠른 피리 소리이고 저문 정자에 현악기 소리로다
그대는 소상으로 나는 진(秦)으로 향하네

保寧勇 頌
昨夜三更屈指輪
世間休說兩三人
數聲長笛離亭晚
君向瀟湘我向秦

౧ 숭승공 선사 송

닭은 추우면 나무에 오르고
오리는 추우면 물로 내린다 함이여
만물의 모습 서로 다른데
사람의 마음 어찌 알아야 하겠는가
조사의 뜻과 교리의 뜻을
누가 기리고, 누가 헐뜯는가
사자는 사람을 문다
왕도(王道)는 평탄하네
미친 개는 흙덩이를 쫓는다
평원이 첩첩하네

崇勝珙 頌
雞寒上樹　　鴨寒下水
物態之差　　人心爭委
乃祖乃教　　孰譽孰毁
師子咬人兮　王道平平
狂狗趁塊兮　平原壘壘

ㅇ 설두현 선사가 이 칙을 들고, 이어 어떤 선승이 목주 선사에게 "조사의 뜻과 교의 뜻이 같습니까, 다릅니까?"라고 물으니 목주 선사가 "청산은 스스로 청산이요, 백운도 스스로가 백운이니라." 한 것을 들고 말하였다.

묻는 것도 같았고, 대답도 같았다.

그 사이에는 남을 이롭게 하고 자신을 이롭게 함도 있고, 남을 속이고 자신을 속임도 있다. 만일 분명히 가려내면 해공(解空) 제일의 자리를 보증하노라.

雪竇顯 擧此話 連擧僧問睦州 祖意敎意是同 是別 州云 靑山 自靑山 白雲 自白雲 師云 問旣一般 答亦相似 其中 有利他自利 謾人自謾 若點檢分明 管取解空第一

☁ 백운연 선사가 상당하여 이 칙을 들고 말하였다.

대단하다는 파릉이 반밖에 말하지 못했다. 백운은 그렇게 하지 않으리니 "물을 두 손으로 뜨니 달이 손에 있고, 꽃을 가지고 노니 향기가 옷에 가득하다." 하리라.

白雲演 上堂擧此話云 大小大巴陵 只道得一半 白雲 卽不然 掬水月在手 弄花 香滿衣

ᯅ 송원 선사가 상당하여 이 칙을 들고, 이어 백운연 선사가 이 칙을 들어 말한 것을 들고 말하였다.

백운이 힘껏 일렀으나 겨우 8분 뿐이라. 누군가가 영은에게 묻는다면 그에게 “나니 남이니 하는 무명을 단번에 꿰뚫었느니라.”라고 하리라.

松源 上堂擧此話 連擧白雲演拈 師云 白雲 盡力道 只道得八成 有問靈隱 只向他道 人我無明 一串穿

 대원 문재현은 이 칙을 모두 들고나서 이르노라.

이 사람이 파릉 선사와 같은 질문을 받았다면 이르리라.

조사의 자비한 뜻 교리의 참 뜻이고, 교리의 참 뜻이 조사의 뜻이니라.

험.

1222칙 눈 밝은 사람이 우물에 빠졌다

 본 칙

파릉 선사에게 어떤 선승이 물었다.
"어떤 것이 도(道)입니까?"
파릉 선사가 말하였다.
"눈 밝은 사람이 우물에 빠졌다."

巴陵 因僧問 如何是道 師云 明眼人落井

☁ 천복일 선사 송

멀쩡히 눈 밝은 이가 우물에 빠졌다니
총림에서 이 이야기 언제 그칠꼬?
마음 닦아서 무심의 경지에 이르지 못하면
만 가지, 천 가지가 물을 따라 떠내려감이네

(이 스님의 기록에는 선승이 파릉 선사에게 물어 "우물에 빠졌다." 하기에 이르러, 선승이 절을 하고 물러가니 수좌가 선승을 대신해 이르기를 "눈 밝은 사람은 우물에 빠진 적도 없습니다." 하니, 파릉 선사가 "그대가 알았도다. 그대가 알았도다." 하였다고 한다.)

薦福逸 頌
好介明眼人落井
叢林話會幾時休
修心未到無心地
萬種千般逐水流
(此師錄僧問巴陵至落井　僧禮拜退　首座代僧進語云　明眼人不落井　陵云 你會也你會也)

ᔕ 해인신 선사 송

눈 밝은 사람이 우물에 빠졌다 함이여
서쪽이 곧바로 동쪽 고개일세
쥐니 만두이고
손바닥을 펴니 호떡일세

海印信 頌
明眼人落井
西方正東嶺
捉得介饅頭
開拳是餬餅

ᨀ 보녕용 선사 송

가을 밤, 서리 내린 하늘에 달 정말로 밝아서
우러러 보노라니 별 모양이 대략 삼경일세
한 가닥 큰 길이 손바닥같이 평탄하니
돌아가는 것이 무슨 방해로우리, 환히 뚫린 곳을 감이거늘

保寧勇 頌
秋夜霜天月正明
仰觀星像約三更
一條大路平如掌
歸去何妨徹曉行

ꕀ 취암진 선사가 이 칙을 들고, 이어 어떤 선승이 보응 선사에게 "어떤 것이 도입니까?"라고 물으니, 보응 선사가 "오봉루 앞의 것이니라."라고 대답한 것과 또 수산 선사에게 "어떤 것이 도입니까?"라고 물으니 수산 선사가 "발 밑에 깊이가 석 자니라."라고 답한 것을 들고 말하였다.

이 세 이야기가 하나는 천 길의 벼랑에 서 있음이고, 하나는 육지에 배가 다님이요, 하나는 손과 주인이 혼연함일세.

대중 속에 가려낼 이는 없는가? 나서보라. 만일 없다면
도적의 결박을 부수기 위해 나한의 자비를 베푼 바요,
중생을 편안케 하기 위해 보살의 자비를 베푼 바요,
여여한 모습을 깨닫게 하기 위해 여래의 자비를 베푼 바일세.

翠嵓眞 擧此話 連擧僧問寶應 如何是道 師云 五鳳樓前 又問首山 如何是道 云 脚下深三尺 師云 此三轉語 一句 壁立千仞 一句 陸地行船 一句 賓主交叅 衆中 莫有揀得者麼 出來看 如無 且行羅漢慈 破結賊故 行菩薩慈 安衆生故 行如來慈 得如相故

장산근 선사가 이 칙을 들고, 이어 어떤 선승이 석두 선사에게 “어떤 것이 도입니까?”라고 물으니, 석두 선사가 “나무토막이니라.” 하였고, 다시 소 국사에게 “어떤 것이 도입니까?”라고 물으니, 국사가 “사생(四生)이 끝이 없도다.” 한 것을 들고 말하였다.

종사들이 사람을 위하는 법에 각각 출신처(出身處)가 있느니라. 만일 제방에 통달한 사람이라면 한 번 들자마자 곧장 알겠지만 알지 못한다면 다시 주를 내지 않을 수 없다. 이 한 가지 물음에 세 사람이 그렇게 대답했으니, 말해보라.

어느 한 구절이 가장 친절한가? 알겠는가?

한 화살이 세 관문을 깨뜨렸다고 해도 분명히 화살 뒤의 길이로다.

蔣山勤 擧此話 連擧僧問石頭 如何是道 云 木頭 僧 又問韶國師 如何是道 國師云 四生浩浩 師云 宗師家 爲人 各有出身處 若是通方之士 一擧便知 苟未相諳 不免指注 祇如一介問頭 三人 恁麽答 且道是那一句親切 還委悉麽 一鏃 破三關 分明箭後路

 대원 문재현은 이 칙을 모두 들고나서 이르노라.

이 공안에 그동안 말한 분들의 수다스러움이 파릉 선사를 능가하는구나.

내게 어떤 이가 "어떤 것이 도입니까?"라고 묻는다면 "달이 밝다." 할 것이다.

1223칙 동서간에 비밀히 전한 것

본 칙

파릉 선사에게 어떤 선승이 물었다.

"어떤 것이 동서(東西)간에 비밀히 전한 것입니까?"[6]

파릉 선사가 말하였다.

"그것이 신심명에서 말한 것이 아니겠는가?"

선승이 말하였다.

"참동계에 있는 말입니다."

파릉 선사가 말하였다.

"내가 요즘 늙어빠져서…."

巴陵 因僧問 如何是東西密相付 師云 此豈不是信心銘 伊麽道 僧云 是參同契 師云 我近日老耄也

---

6) 참동계의 말이다.

ꕥ 장산전 선사 송

눈앞의 세 관문을 뚫지 못하면
발 밑의 만 길 구덩이를 피할 수 없네
부끄러워한 파릉이야말로 참 작가라
나이로는 늙었으나 눈은 오히려 밝구려

蔣山泉 頌
目前未透三關路
脚下難逃萬丈坑
慚愧巴陵眞作者
年雖老耄眼猶明

 대원 문재현은 이 칙을 모두 듣고나서 이르노라.

앞말로 그 깊이를 점검하고
뒷말로 중증임을 알았으면

명의답게 고황병 치유하는
한 방망이 쳤어야 하였거늘

용머리에 뱀꼬리 못 면했군
동쪽 달 서산 해도 누설한 걸…

1224칙 법복 밑의 일

 본 칙

서천 향림원 징원 선사에게 어떤 선승이 물었다.
"어떤 것이 법복 밑의 일입니까?"
징원 선사가 대답하였다.
"섣달의 불이 산을 태운다."
(어떤 선승이 관주 나한 선사에게 물었다.
"어떤 것이 섣달의 불이 산을 태우는 것입니까?"
나한 선사가 대답하였다.
"한 치의 풀도 남〔生〕이 없느니라.")

西川香林院澄遠禪師因僧問 如何是衲衣下事 師云 臘月火燒山
(僧問 灌州羅漢禪師 臘月火燒山意旨如何 師云 寸草不生)

ↄ 천복일 선사 송

선승이 법복 밑의 일을 물으니
선사는 섣달의 불이 산을 태운다고 했네
부처의 손으로도 덮을 수 없는데
사람들의 마음이 등한히 할 뿐이네

薦福逸 頌
僧問衣下事
師云火燒山
佛手遮不得
人心似等閑

∽ 법진일 선사 송

선달의 불이 산을 태운다 함이여
이 이야기를 어떻게 깨칠까
만일 흐르는 샘을 만나지 못했거든
다른 고갯길을 넘어가야 되리라

法眞一 頌
臘月火燒山
此話如何省
若不得流泉
還應過別嶺

ↀ 천동각 선사 송

향림의 선달의 불이 산을 태운다 함
긴요한 관문이거늘 요즘 바닥까지 꿰뚫기 어렵다 하네
걸림없이 예리한 지혜 능히 자재함이라
허공에 칼을 휘두르듯 흔적이 없이 했네

天童覺 頌
香林臘月火燒山
關楗如今透底難
無礙機鋒能自在
虛空揮劍不成瘢

ꩰ 천동각 선사가 또 송하였다.

노숙한 총림에서 쾌히 선을 설하나
선이란 입술에나 걸어두는 것이 아닐세
골짜기 깊고 산은 멀어 비어 형상 없으니
어느 곳에서 사람이 부른들 응답이 원만치 않으랴

又頌
老大叢林快說禪
不將禪掛口皮邊
谷深山遠空無像
何處人呼應不圓

ᢁ 삽계익 선사 송

해가 다 가고 날이 저물어 한창 매우 추우니
천 숲의 나뭇잎이 모두 말라 떨어졌네
타오르는 벌판에 흐르는 물 없으니
바람 따라 다른 산으로 옮아갈 것이 분명하네

霅溪益 頌
歲晚年窮正苦寒
千林木葉盡凋殘
炎炎野燒無流水
應是隨風過別山

☁ 송원 선사 송

선달의 불이 산을 태운다 함이여
하늘도 넓으며 땅 또한 넓다 하리
척척 들어맞음이여
뼈에 사무치고 털끝이 오싹하네

松源 頌
臘月燒山
天寬地寬
築著磕著
徹骨毛寒

☁ 설두현 선사가 이 칙을 들고 말하였다.

섣달의 불이 산을 태운다 함이여, 천 가지 만 가지로세. 한 발을 든 소나무의 학이 춥고, 눈을 밟은 사람이 차가워하네.

달마 대사는 '모르오'라고 했으니, 매우 어렵고도 매우 어려운 것인가?

雪竇顯 拈 臘月燒山 萬種千般 翹松鶴冷 踏雪人寒 達磨不會 大難大難

☁ 취암열 선사의 문답

취암열 선사가 이 칙을 들고 어떤 선승에게 물었다.

"알겠는가?"

선승이 대답하였다.

"모릅니다."

취암열 선사가 다시 말하였다.

"그대는 어찌하여 노승을 속이는가?"

그 선승이 말없이 보이고 말하였다.

"압니다."

취암열 선사가 말하였다.

"향림의 방망이를 맞아야 되겠구나."

翠嵓悅 擧此話問僧 會麽 僧云 不會 師云 汝爲什麽 却謾老僧 其僧良久云 某甲 會也 師云 香林 須喫棒

ᘓ 장산근 선사가 이 칙을 들고 말하였다.

하나를 들어 셋을 밝히는 것이니 납자의 마음이요, 천 가지 차별이 하나로 통하는 길이니 본분의 망치로다.

그러나 혹 어떤 이가 도림에게 "어떤 것이 납의 밑의 일인가?"라고 묻는다면 그에게 "싸구려 돌을 비단으로 쌌다."라고만 하리라.

蔣山勤 拈 擧一明三 衲僧孔竅 千差一轍 本分鉗鎚 然雖如是 或有問道林 如何是衲衣下事 祇對他道 綿包特石

ꕥ 장산근 선사가 다시 이 칙을 들고, 이어 설두 선사가 이 칙을 들어 말한 것을 들고 말하였다.

대단하다는 설두가 꾀어 들이기만 하고 잘못된 일을 결단치 못했다. 만일 도림이라면 그렇게 하지 않으리니, 선달의 불이 산을 태운다는 것도 특별한 까닭이 없는 것일세. 싸구려 돌을 비단으로 싸고 철로 진흙덩이를 쌈일세.

又擧此話連擧雪竇拈 師云 大小雪竇 隨摟擻 不能截斷誵訛 若是道林 卽不然 臘月燒山 特地無端 綿包特石 鐵裹泥團

ꕥ 개암붕 선사가 상당하여 이 칙을 들고 말하였다.

향림의 그런 말이 겨우 한 말뚝만을 얻었다. 만일 자덕이라면 그렇게 하지 않으리니, 혹 어떤 이가 "어떤 것이 납의 밑의 일인가?" 라고 묻는다면 다만 그에게 "뼈가 여위어서 마른 나뭇가지 같다." 하기만 하리라.

여러분이 만일 이 한 구절에서 깨달으면 천 구절, 만 구절이 오직 한 구절이요, 천 마디, 만 마디가 오직 한 마디요, 천 말, 만 말이 오직 한 말이요, 천 기틀, 만 기틀이 오직 한결같은 기틀이겠지만, 만일 그렇지 못하다면 다시 한 게송을 들으라.

뼈가 여위어 마른 나뭇가지 같다 함, 스스로가 알아야 하니
스스로가 안 뒤에야 입술을 놀려서
삵괭이를 몰아서 남산의 범으로 만들 줄 알고
똥개를 뒤집어 사자를 만든다네

介庵朋 上堂擧此話云 香林伊麽答話 只得一橛 若是資德 卽不然 忽有人 問 如何是衲衣下事 只向他道 骨瘦如柴 諸人 若向這一句 見得徹去 也千句萬句 只是一句 千言萬言 只是一言 千說萬說 只是一說 千機萬機 只是一機 其或未然 更聽一頌

骨瘦如柴只自知
自知方敢動唇皮
驅狸解作南山虎
癩狗翻成師子兒

 대원 문재현은 이 칙을 모두 듣고나서 이르노라.

승복 밑 일이라면 별 것 없느니
'밥 먹고 일한 뒤에 잔다'라고 해도
다시 물어 온다면 '코다!'라고 하리

1225칙 오래 앉으니 피로하다

본 칙

향림 선사에게 어떤 선승이 물었다.

"어떤 것이 조사께서 서쪽에서 오신 뜻입니까?"

향림 선사가 대답하였다.

"오래 앉으니 피로하다."

(전등록에 말하기를, 어떤 선승이 향림 선사에게 물어 "오래 앉으니 피로하다."라고 함에 이르러 선승이 "돌이킬 때엔 어떠합니까?" 라고 물으니 향림 선사가 "깊은 구덩이에 빠지느니라." 하였다.)

香林 因僧問 如何是祖師西來意 師云 坐久成勞

(傳燈僧問 香林至坐久成勞 僧云 便回轉時如何 師云 墮落深坑)

☁ 설두현 선사 송

한 개, 두 개, 천만 개
재갈을 벗어버리고 짐을 내려놓아라
좌로 도느냐 우로 도느냐 한 뒤에
자호가 유철마를 때렸다네[7)]

雪竇顯 頌
一介兩介千萬介
脫却籠頭卸角馱
左轉右轉隨後來
紫胡要打劉鐵磨

---

7) 어떤 비구니가 와서 뵈니 구주 자호암 이종(利蹤) 대사가 물었다. "네가 유철마(劉鐵磨) 아니냐?" "그렇다 하기엔 외람됩니다." "왼쪽으로 도느냐, 오른쪽으로 도느냐?" "큰스님, 뒤바꾸지 마십시오." 대사가 바로 때렸다.

ᯅ 백운병 선사가 이 칙을 들고 말하였다.

밤 달은 광채를 발하여 흐르고, 맑은 못엔 그림자가 없도다.

白雲昺 拈 夜月 流輝 潭澄無影

 대원 문재현은 이 칙을 모두 들고나서 이르노라.

외양간 조는 소가 일러주고
뜰 밑에 조롱이는 비웃으니
내 보기 거북하고 거북하네

1226칙 한 등잔

 본 칙

향림 선사에게 어떤 선승이 물었다.
"어떤 것이 방 안의 한 등잔입니까?"
향림 선사가 대답하였다.
"세 사람이면 거북이를 자라로 만든다."[8)]

香林 因僧問 如何是室內一盞燈 師云 三人 證龜成鼈

8) 원문에 증구성별(證龜成鼈)이라고 되어 있는데, 이는 옳고 그름을 뒤바꿔버리는 것을 말한다.

ꕤ 투자청 선사 송

귀 여섯이 함께 꾀하면 일이 이루어진다 함이여
곧은 말은 바야흐로 사람의 참된 마음을 표함인데
방 안의 등잔을 누가 와서 심지를 흔들어 불을 밝히는가?
백발의 어린애 귀밑머리 새롭네

投子青 頌
六耳同謀事可成
直言方表赤心人
室中燈焰誰來撥
白髮童兒兩鬢新

☁ 장산근 선사 송

교교하게 밝은 빛이
세계에 두루하여 감출 수 없네
소리를 던짐으로 내놓을 수 없는데
빛인들 어떻게 드러낼 수 있으랴
당장에 못 자르고 무쇠를 끊어
고금의 길 흔적을 없앴네
임제와 덕산보다 훨씬 뛰어남이여
세 사람이면 거북이를 자라로 만든다 함일세
그러지도 말라, 그러지도 말라
한 차례 물 마시면 한 차례 목에 걸리네

蔣山勤 頌
皎皎淸光　偏界莫藏
聲抛不出　色豈能彰
直下斬釘截鐵　剗却古今途轍
高出臨濟德山　三人證龜成鼈
別別　一回喫水一回噎

 대원 문재현은 이 칙을 모두 들고나서 이르노라.

어떤 이가 내게 와서 "어떤 것이 방 안의 한 등잔입니까?" 하면 "이것이야말로 좋은 등불이니라." 하리라.

험.

1227칙 북두 속에 몸을 숨기는 것

 본 칙

향림 선사에게 어떤 선승이 물었다.
"어떤 것이 북두 속에 몸을 숨기는 것입니까?"
향림 선사가 대답하였다.
"3년에 한 번 윤달이 오느니라."

香林因僧問 如何是北斗裏藏身 師云 三年一閏

ᯣ 숭승공 선사 송

삼년에 한 번 윤달이 온다고 물음에 답함이여
혜능의 밝은 거울 역시 대가 없음일세
두꺼비가 지난 밤에 몸을 활짝 벗고
굽은 지렁이 오늘 아침 곡소리 더욱 슬프다네

崇勝珙 頌
一閏三年答問來
老盧明鏡亦非臺
蝦蟆昨夜身全脫
曲蟮今朝哭更哀

 대원 문재현은 이 칙을 모두 들고나서 이르노라.

어떤 이가 내게 와서 "어떤 것이 북두 속에 몸을 숨기는 것입니까?" 하면 "험!" 하고 조용히 있다가 "뜰 밑에 꽃이 곱구나." 하리라.

1228칙 구경의 경지에 이르르면

 본 칙

정주 덕산 연밀 원명 선사가 대중에게 보이고 말하였다.

"구경의 경지에 이르르면 삼세의 모든 부처님들까지도 당장에 입을 벽에다 걸거늘 오히려 어떤 사람은 껄껄거리고 크게 웃는다. 누군가가 이 사람을 알면 참선 공부를 마쳤다 하리라."

鼎州德山緣密圓明禪師 示衆云 及盡去也 直得三世諸佛 口掛壁上 猶有一人 呵呵大笑 若識此人 參學事畢

ꕤ 투자청 선사 송

두 눈이 먼 소경이 어둡고도 험한 길 들어
해 떨어지자 갈대밭에서 쉬다가 잠깐 깨어남이
어찌 석인이 한밤중에 잠자다가
순왕이 양위하듯 수풀 속의 집 지키기를 면하게 함과 같겠는가
꽃봉우리 터져 꽃피움에 나무의 함 없음을 알면
다리 없는 감에 일찍이 길인들 밟았으랴
어제 아침 장안길에 가풍을 일으킴이여
원래 이것이 곤륜이 나라지도를 바친 걸세

投子青 頌
雙盲入暗路崎嶇
日落捿蘆暫得甦
爭似石人眠半夜
免教舜讓守林居
須知花綻非于木
無脚行時早觸途
昨朝風起長安道
元是崑崙進國圖

ꩠ 천동각 선사 송

요긴한 곳에 부는 바람을 거둬잡아 끊는다 해도
구름을 갈고, 물을 닦고, 가을하늘을 맑히려 함일세
금비늘 물고기 낚기 재미없다 말 마소
푸르른 물결 속의 달을 한 낚시에 다 낚는다오

天童覺 頌
收把斷襟喉風
磨雲拭水冷天秋
錦鱗莫謂無滋味
釣盡滄浪月一鉤

ℴ 투자청 선사가 이 칙을 들고 말하였다.

비록 덕산이 초나라 하늘의 달을 간직함을 다했으나, 아직도 한나라에는 별들이 남았음을…

投子青 拈 然雖如是 德山 大似藏盡楚天月 猶存漢地星

☁ 천동각 선사의 문답

천동각 선사가 소참 때에 어떤 선승이 물었다.

"기억하건대 덕산 선사가 '구경의 경지에 이르르면…(하략)'이라고 말한 것으로부터 껄껄거리고 크게 웃으니, 어느 것이 이 사람입니까?"

천동각 선사가 말하였다.

"온몸에 그림자가 없을 때에야 그 사이에 도리어 눈 있는 이가 있느니라."

선승이 말하였다.

"전신(轉身)하여 무쇠곤륜을 밟으니, 폭풍이 불어도 바람이 들 수 없음을 비로소 믿겠습니다."

천동각 선사가 말하였다.

"반드시 그렇게 하라."

선승이 다시 물었다.

"바야흐로 바람이 불어도 들어올 수 없을 때에 일언반구인들 붙일 수 있겠습니까?"

천동각 선사가 대답하였다.

"바람이 불어 들어왔구나."

선승이 다시 물었다.

"영롱한 여덟 면에는 스스로 부합된다지만 우뚝한 한 모퉁이는 누가 감히 엿보겠습니까?"

천동각 선사가 대답하였다.

"바로 바람 위의 구절이구나."

선승이 다시 물었다.

"바람 뒤의 구절은 또 어떠합니까?"

천동각 선사가 대답하였다.

"천동이 잊었구나."

선승이 절을 하자 천동각 선사가 말하였다.

"삼세의 부처님과 육대의 조사는 다만 마음을 밝혀 일 마친 사람일 뿐이다. 그대들 여러분은 자기의 마음을 밝혔는가? 자기의 일을 마쳤는가?

그대들이 만일 마음을 밝혀 일을 마쳤다면 다시는 털끝만큼도 분수 밖이 없어, 털끝만큼도 모자라는 것이 없을 것이며, 깨끗이 모두를 벗어나서 온몸이 이러하리니, 언어로 이르를 수 없어 시비가 미치지 못한다.

마치 타는 무쇠 위에 모기가 앉을 수 없는 것 같아서 밖의 인연이 없고, 다른 그림자도 전혀 없으리라.

비침과 비추는 자가 모두 적멸하니, 적멸한 가운데에서 적멸을 증득하는 이가 그대들의 자기니라.

만일 이렇게 된다면 통밑이 쑥 빠지리라. 지·수·화·풍과 오온·십팔계가 싹쓸어 남음이 없으리라.

어떤 것이 구경이라는 것도 얻을 것이 없는 것인가? 그러므로 덕산 원명 대사가 '구경의 경지에 이르르면…(중략) 참선 공부를 마쳤다 하리라.' 하였으니, 여러분들이여, 호흡이 끊어진 때와 자취가 끊긴 곳에서 참으로 안목을 갖추어야 한다. 그럴 때에는 역력하여 혼침하지 않은 절대의 신령하고 신령함이 온 세상을 활보하며 두루 돌아 널리 응하리니, 한 티끌에 들어갈 때에 일체 티끌 속의 도량에 앉고, 한 곳에 들어갈 때에 모든 처소에서 불사를 지으리라.

초목과 모든 숲, 나아가서는 산하대지에 이르기까지 한 물건, 한 가지 일인들 분수 밖의 것이 있겠는가?

모두가 온통 그대들의 모습을 나툰 곳이며, 그대들이 설법하는 곳이며, 그대들의 몸이 나온 곳이다.

문문마다 이렇게 오고, 법법마다 이렇게 머무나 그 사이에 왕래하는 모습이 없나니 이 신령하고 밝고 절대적인 것이 여러분의 자기이다.

만일 모든 법과 상대를 이룬다면 자기를 이루는 것이 못되거니와, 만일 몸이 공해지면 눈도 공하고 눈이 공하면 색도 공하여 자기로써 자기에게 합할 뿐이라, 일체 법 가운데 허공을 허공에 합하는 것 같고, 물로써 물에 합하는 것 같으리니, 나누고 가르는 것이 무슨 소용이 있으며, 안정한다는 것은 또 무슨 필요가 있으리오.

그러므로 말하기를 '땅이 산을 받쳤으나 산의 고준함을 알지 못하는 것 같고, 돌이 옥을 머금었으나 옥의 티 없음을 알지 못하는 것 같다.'라고 하였다. 이럴 때가 곧 평등이니, 평등에는 일어남도 멸함도 없으며, 오고 감도 없으며, 좋고 나쁨도 없으며, 취하고 버림도 없어서 온전히 일체하니, 이것이 평등의 모습이다.

만일 조금이라도 건드리는 일이 있으면 곧 장애를 이룬다. 그대들이 깨끗이 다해버리면 자연히 구족한 것이고, 놓아버리면 자연히 이루어져 있으리라.

만일 온갖 곳에서 백 조각으로 부서지면 큰 것 작은 것과 모난 것 둥근 것을 보는 곳에 색을 세울 수 없나니, 전체가 색을 봄이기 때문이고, 듣는 곳에 소리를 세울 수 없나니, 전체가 소리 들음이기 때문이다.

그리하여 향·맛·닿음·법까지도 그러하니라. 일찍이 이런 적이 있는가? 만일 이렇다면 옛사람이 '성품은 스스로 평등해서 평등하다는 것도 없다.' 한 것을 비로소 알 것이다. 잘 있거라."

天童覺 小參 僧問 記得 德山道及盡去也至呵呵大笑 未審阿那介是此人 師云 通身無影像時 其間 却有眼在 僧云 轉身踏着鐵崑崙 方信黑風 吹不入 師云 是須恁麽去 僧云 正風吹不入時 還著得一言半句也無 師云 風吹入也 僧云 玲瓏八面自回合 峭峻一方 誰敢窺 師云正是風頭上句 僧云 只如風後底句 又作麽生 師云 天童 却忘了 僧禮拜 師乃云 三世諸佛 六代祖師 只是明心了事底漢 阿你諸人 還明得自己心也未 還了得自己事也未 你若明得心 你若了得事 更無毫髮分外底 更無毫髮欠小底 淨盡脫得了 通身恁麽去 言語 有所不到 是非 有所不及 如熱鐵上 泊蚊子不得 了無外因緣 了無他影像 照與照

者 二俱寂滅 於寂滅中 能證寂滅者 是你自己 若恁麼 桶底子脫去 地水火風 五蘊十八界 掃盡無餘 作麼生是盡不得底 所以 德山圓明大師道 及盡去也 至參學事畢 諸兄弟 於絶氣息時 斷蹤迹處 須具眼 始得那時 歷歷不沉 靈靈絶待 便能闊步大方 周旋普應 入一塵 一切塵中坐道場 入一處 一切處所作佛事 至於草木叢林 山河大地 還有一件一事分外底麼 都只是你現形處 是你說法處 是你出身處 門門恁麼來法法恁麼住 中間 無往來相 祇者靈明絶待底 是諸人自己 若與諸法待對 卽不成自己 若是身空 則眼處空 眼處空則色處空 以自己 合自己於一切法中 如空合空 似水入水相似 何用作分析 何用作安堵 所以道似地擎山 不知山之孤峻 如石含玉 不知玉之無瑕 介時平等 平等 無起滅 無往來 無好惡 無取捨 恰恰好好 是平等相 若有小分相觸 便成礙塞 你若淨盡去 自然具足 放下去 自然現成 若於一切處 百雜碎 大大小小 方方圓圓 見處 立色不得 全色 是見 聞處 立聲不得 全聲 是聞 乃至香味觸法 亦復如是 還曾恁麼來麼 若也恁麼 來方知道性自平等 無平等者 珎重

 대원 문재현은 이 칙을 모두 들고나서 이르노라.

덕산이여! 덕산!

(크게 웃다.)

1229칙 세 방망이

 본 칙

양주 동산 수초 선사에게 운문 선사가 물었다.
"요즘 어디서 떠나왔는가?"
수초가 대답하였다.
"묘도입니다."
운문 선사가 다시 물었다.
"여름엔 어디에 있었는가?"
수초가 대답하였다.
"호남 보자에 있었습니다."
운문 선사가 다시 물었다.
"언제 거기서 떠났는가?"
수초가 대답하였다.
"8월 25일이었습니다."
운문 선사가 말하였다.
"그대에게 세 방망이를 내리노라."
다음 날, 수초가 물었다.

“어제 큰스님께서 세 방망이를 내리셨는데 허물이 어디에 있습니까?”

운문 선사가 대답하였다.

“밥 주머니가 강서와 호남에서 저러고 다녔구나.”

수초가 언하에 깨달았다.

襄州洞山守初禪師因雲門 問 近離什麽處 師云 査渡 門云 夏在什麽處 師云 湖南報慈 門云 幾時離彼中 師云 八月二十五 門云 放汝三頓棒 次日 師却問云 昨蒙和尙放某三頓棒 未審過在什麽處 門云 飯袋子 江西湖南 便伊麽去 師於言下 有省

ꩡ 법진일 선사 송

평생의 속마음을 모두 기울여 다했으나
세 방망이에도 무슨 허물인지를 밝히지 못했구나
마지막에 큰스님의 친히 보임 입고서야
공안이 본래부터 뚜렷했음 알았구려

法眞一 頌
平生心膽都傾盡
三頓未明何過愆
末後蒙師親示誨
方知公案本來圓

☁ 불타손 선사 송

비록 얼굴을 마주하고 문답을 주고받았으나
발꿈치는 아직도 뱃전을 여의지 못했네
그때의 세 방망이로 어찌 가벼이 용서했던고
대단하다는 운문도 철저하지 못했구려

佛陀遜 頌
問答雖然覿面酬
脚跟猶跨木欄舟
當時三頓那輕恕
大小雲門未到頭

☁ 동림총 선사 송

문답의 내력으로는 아직 심원함에 오르지 못했기에
소양의 세 방망이로 가볍게 값을 치뤘네
늦게야 다그침에 금강의 눈 남이여
만 리에 인적 없이 홀로 건네

東林總 頌
問答由來未薦幽
韶陽三頓且輕酬
晩來拶出金剛眼
萬里無人獨步游

☁ 보녕용 선사 송

세 방망이 친다 할 때에도 돌이키지 못하더니
무쇠문 거듭 치자 자물쇠가 열렸네
좋구나! 쌀 한 톨도 쌓아둠 없이
십자 네거리에서 오가는 사람들을 접대하네

保寧勇 頌
三頓棒時打不廻
鐵門重擊鏁方開
堪嗟不蓄一粒米
十字路頭接往來

ↀ 지해청 선사 송

하늘처럼 높으니 손으로 잡기 어렵고
바다같이 넓으니 지음하는 이 적다네
운문 노인을 알고자 하는가?
백 번 단련한 금이라야 정밀한 빛을 발한다네

智海淸 頌
天高難側手
海闊少知音
要識雲門老
精光百煉金

☁ 자수 선사 송

작년 8월에 호남을 떠나서
천 산, 만 산을 두루 다녔구려
운문의 세 방망이가 아니었다면
그 어찌 검은 얼룩 있는 범의 몸임을 알았으랴[9)]

慈受 頌
去年八月離湖南
行盡千山與萬山
不喫雲門三頓棒
安知虎體有玄斑

9) 원문의 호체현반(虎體玄斑)은 위엄이 있는 존재를 말한다.

☁ 숭녕근 선사 송

토끼를 보자 매를 풀고
걸음을 걸음에 팔을 젓는다
적골(赤骨)[10]로 지내기를 다하여야
바야흐로 부귀를 꾀할 수 있네
세 방망이를 때린다고 해도 여전히 머뭇거리더니
재차 다그침 당하고야 비로소 송곳 끝이 날카로운 줄 알았다네
홀로 외다리 기틀을 일으키니 관문 밖이라
눈 밝은 납자는 오히려 안다고 하지도 않네

崇寧勤 頌
見兎放鷹　　因行掉臂
赤骨歷窮　　方圖富貴
放三頓棒尙遲疑　再挨方識利頭錐
單提獨脚機關外　明眼衲僧猶不會

---

10) 적골(赤骨) : 허공.

♧ 불안원 선사 송

그대에게 세 방망이를 내려 굽은 길을 막았다고 하면
운문 노작가를 욕되게 함일세
물 건너고 구름 뚫은 오호의 나그네여
장차 무슨 물건으로 일평생을 영위하려는가

佛眼遠 頌
奉君三頓曲周遮
屈辱雲門老作家
渡水穿雲五湖客
欲將何物當生涯

ထ 설두현 선사가 이 칙을 들고 말하였다.

운문 선사의 기개가 왕과 같으나 다그치자 당장에 얼음 녹듯, 기와 깨지듯 하였구나. 그때에 만일 법령대로 시행하였더라면 자손의 대가 끊기게 되지는 않았으리라.

雪竇顯 拈 雲門 氣宇如王 拶着 便冰消瓦解 當時 若據令而行 子孫也未到斷絶

ꩰ 상방악 선사가, 운문 대사가 양주 동산 수초 화상을 감정할 때에 "어디서 떠났는가?" 한 것으로부터 "밥 주머니가 강서와 호남에서 저랬구나." 하니 동산 선사가 이 말에 깨닫고 일어나 절을 하면서 운문 선사에게 "제가 향후, 인적이 끊긴 곳에 가서 밥 가게를 열어, 한 포기의 채소도 심지 않고, 한 톨의 쌀도 쌓아두지 않고서 남북으로 왕래하는 사람을 접대하되 그의 때묻은 모자를 벗겨주고, 땀에 절은 적삼을 벗겨서 그들이 모두가 거리낌 없이 상쾌한 중이 되게 하겠습니다." 하니 운문 대사가 "몸은 호리병과 같거늘 큰 입을 크게도 벌리는구나." 한 일을 들고 말하였다.

운문 대사는 역시 오랜 나날 갈라터진 입술이요, 동산 선사는 애써 피로한 마음을 면치 못했다.

上方岳 擧雲門大師勘襄州洞山初和尙 近離什麽處 至飯岱子江西湖南 惚恁麽商量 洞山 於言下省悟 禮拜起來 向雲門道 某甲 向後 去無人煙處 開介飯店子 不種一莖菜 不蓄一粒米 接待南北往來 與他揭却膱脂帽子 脫却鶻臭布衫 敎他洒洒地作介師僧去 雲門大師云 身如葫蘆子 太開得許太口 師云 雲門大師 也是久日樺來脣 洞山 未免勞心

ꕤ 법진일 선사가 이 칙을 들고, 이어 설두 선사가 이 칙을 들어 말한 것을 들고 말하였다.

당초에 동산 선사가 "저의 허물이 어디에 있습니까?" 했을 때에 운문 선사는 때려서 내쫓았어야 할 것이었다. 그러나 법대로 다하면 백성이 없어진다 했다. 운문 선사가 진창에 들지 않았더라면 동산 선사가 어찌 깨달을 수 있었으랴.

여러분이여, 열어놓음과 사로잡음이 모두 각각 한 가풍이라.

이치에 합당하면 곧 시행하는 것이 응당 허물이 없을 것이니라.

法眞一 擧此話 連擧雪竇拈 師云 當初 洞山 云某甲 過在什麽處 雲門 便好打了趁出 然而盡法無民 雲門 若不入水入泥 洞山 何得悟去 諸仁者 放開把定 各是一家 理當卽行 固應無咎

౭ 자명 선사의 문답

자명 선사가 황룡남 선사에게 물었다.

"그대가[11] 운문 선사의 선법을 배웠으니, 반드시 그 취지에 밝을 것이다. 그가 말하기를 '동산 선사에게 세 방망이를 때리리라.' 했다는데 동산 선사를 그때 때렸어야 되는가, 때리지 않았어야 되는가?"

황룡남 선사가 대답하였다.

"때렸어야 됩니다."

이에 자명 선사가 얼굴빛을 가다듬고 말하였다.

"세 방망이 때리는 소리를 듣고 방망이를 맞았다 한다면 그대가 아침부터 저녁까지 까치 · 까마귀 우는 소리와 종소리, 어고,[12] 딱따기[13] 소리도 역시 방망이를 맞는 것이니, 방망이 맞는 일이 언제 그치랴?"

황룡남 선사가 똑바로 보며 물러가자, 자명 선사가 말하였다.

"처음에는 내가 그대의 스승이 되기 어렵다고 여겼더니, 이제는

---

11) 원문의 서기라고 되어 있는 것은 황룡남 선사가 그때 늑담 회징 선사의 회상에서 서기(書記)를 했기 때문에 부른 호칭이다.

12) 어고(魚鼓) : 목어의 다른 이름이다. 물고기 모양으로 생겼으며, 절 내의 모든 일을 알리기 위하여 치는 것이다.

13) 딱따기 : 원문에 판(板)이라고 되어 있는데, 이는 시간을 알리거나 신호를 할 때 치는 나뭇조각이다.

되었다.”

자명 선사가 절을 시켰더니 황룡남 선사가 일어나 절을 하였다.

자명 선사가 앞의 말의 이치를 말하였다.

“설사 그대가 운문 선사의 뜻을 알았다 하더라도 이는 조주가 ‘오대산의 노파가 나의 감정을 받았다.’ 한 말과 같으니, 그 감정할 수 있는 곳을 가리켜보라.”

황룡남 선사가 얼굴에 더운 땀을 흘리면서 대답할 바를 모르고 달려나가버렸다.

慈明 問黃龍南禪師曰 書記 學雲門禪 必善其旨 如曰 放洞山三頓棒 洞山于時 應打不應打 公曰 應打 慈明 色莊而言 聞三頓棒聲 便是喫棒 則汝自旦及暮 聞鴉鳴鵲噪 鍾魚皷板之聲 亦應喫棒 喫棒 何時當已哉 南公 瞠而却 慈明曰 吾始疑不堪汝師 今可矣 卽使拜 南公拜起 慈明 理前語曰 脫如汝會雲門意旨 此則趙州嘗言臺山婆子 被我勘破 試指其可勘處 南公 面熱汗下 不知答 趨出

☁ 고목성 선사가 상당하여 이 칙을 들고 말하였다.

운문 선사는 하늘을 치솟는 흰 파도 가운데 그물을 칠 줄 아니, 무수한 잉어와 절름발이 자라와 눈먼 거북이 모두가 그물에 걸려든다. 그 사이에 혹 그물을 뚫고 나와서 구름을 움켜쥐고, 파도를 잡으며, 뿔을 이고 머리를 치켜든 이가 있는가?

향산은 오늘 옛사람의 행동을 본받으리라.

(원상 하나를 그리고 대중을 부르면서)

대중들이여, 지금 그물을 뚫고 나온 이가 있는가?

(잠잠히 있다가)

낚싯배에 실어 소상강[14] 기슭에 이르러서, 기운을 삼키고 쓸모없음을 없애려면 백구에게 물어라.

枯木成 上堂擧此話云 雲門 解向滔天白浪中 張羅布網 無限錦鱗赤尾 跛鼈盲龜 盡落網中 其間 或有透得網者 便乃拏雲攫浪 戴角擎頭 香山 今日 効古人之作 遂畵一圓相 召云 大衆 如今 還有透得者麽 良久云 釣船載到瀟湘岸 氣咽無聊問白鷗

14) 소상강 : 경치가 아름답기로 유명한 곳.

ᨒ 해회단 선사가 이 칙을 들고 말하였다.

대단하다는 운문 선사가 동산 선사의 한 물음을 받자 당장에 이마에 땀이 흐르고, 입에는 아교로구나.

海會端 拈 大小雲門 被洞山一問 直得額頭汗出 口裏膠生

ᔓ 삽계익 선사가 이 칙을 들고 말하였다.

땅에 거꾸러지고야 비로소 첫 잔이 독했던 줄을 안다. 그때에 운문 선사가 "그대에게 세 방망이를 때리리라." 하는 것을 보고, "화상께서는 움직이지 않으시는 것이 좋겠습니다." 할 줄 알았더라면 강서와 호남에서 저러고 다녔다는 모욕을 당하는 일례는 없었으리라.

그러나 동산 선사가 운문 선사에게 질문을 해서 설파하지 않았더라면 역시 벙어리가 쓴 참외를 먹는 꼴이 되었으리라.

雪溪益 拈 倒地方知初盞釅 當時若見雲門云 放你三頓棒 解道得介不合起動和尚 也免得江西湖南一例受屈 然 洞山 若不問破雲門 也是瘂子喫苦瓜

☁ 승천회 선사가 상당하여 이 칙을 들고 말하였다.

대중들이여, 이 인연을 여러분은 어떻게 생각하는가? 지난 날, 대중에서 견해를 달리하여 헤아리는 것이 그 수효를 헤아릴 수 없었다.

어떤 이는 "운문 선사가 그가 천기를 누설하는 것을 보자 얼른 덮어버렸으나 동산 선사가 가죽 밑에 피가 있고 눈 속에 눈동자가 있음을 어찌하랴. 운문 선사가 할 수 없어서 문득 강서와 호남에서도 저러고 다녔다고 말했으니 그것은 동을 가리켜 서를 그리는 것과 같다 하나 이런 이야기가 방약무인하다."라고 했다.

어떤 이는 "강서와 호남의 견해가 꼭 운문 선사에게 미치지 못한다고 할 수는 없다."라고 하고, 어떤 이는 "운문 선사도 넓은 평지에 파도를 일으킨 격이다."라고 하며, 어떤 이는 "운문 선사가 그가 알지 못하는 것을 보았다고 해도 무엇이 그리 급해서 다시 강서와 호남을 이야기하여 다른 이에게 누가 미치도록 하였을까?"라고 하니, 이런 비판이 너무나 많아서 낱낱이 열거할 수가 없다.

옛사람의 일시적인 방편이 다만 노파심이 간절해서임을 전혀 모르기 때문이다. 산승은 오늘 눈썹을 아끼지 않고 여러분들을 위하여 낱낱이 주를 내리라.

내가 운문 선사에게 말하노니 "저가 이렇게 온 것을 보아 분명하게 증명되었음에도 동산을 놓아주었다 할 것이니 답하는 기틀에도 불구하고 암암리에 편의를 얻은 것이다. 의당 절을 하고 사례나 할 것이지 어째서 손을 모으고 앞으로 가까이 가서 입으로 지껄여대서 강서와 호남 지방을 쓸어버리게 했던가? 마치 용 싸움에 고기가 상하는 꼴이로다." 하노라.

산승이 이렇게 말하였으니, 여러분은 알겠는가? 만일 안다면 양쪽을 모두 끊어버리고 집에 돌아가 편안히 앉았을 것이요, 만일 알지 못했다면 안남을 얻기 전에는 새북을 걱정하지 말라.[15)]

(불자로 선상을 치다.)

承天懷 上堂 擧此話云 大衆 此則因緣 諸人 作麽生會 向日衆中商量異解 莫知其數 有云 雲門 見伊漏洩天機 便蓋覆將去 其奈洞山 皮下有血 眼裏有睛 雲門 直得不奈其何 却言及江西湖南 大似指東劃西 與麽說話 可殺傍若無人 有云 江西湖南見處 未必不及雲門 有云 雲門 也長平地起波瀾 有云 雲門 見伊不會 着甚死急 更說江西湖南 累及他人 似此般批判 最多 不能盡擧 殊不知古人 一期方便 只是老婆心切 山僧 而今 不惜眉毛 爲諸人 一一注出 我道雲門 見伊恁麽來公驗分明 遂乃放過洞山 不顧來機 暗得便宜 便合禮謝 何得叉手近前口喃喃地 致得拖抹江西湖南 大似龍鬪魚傷 山僧 與麽說話 諸人 還

15) 안남은 변경지대 중 가장 중요한 요지로서 가장 전쟁이 빈번한 곳이기도 하다. 중국의 가장 남쪽이요 월남의 북쪽이다. 이곳을 수복해야만 다른 변방지대를 생각할 수 있다. 안남은 남쪽, 새북은 북쪽의 변경지대이다.

會麽 若會去 截斷兩頭 歸家穩坐 若不會 未收安南 莫憂塞北 以拂子 擊禪床

ᔓ 죽암규 선사가 소참 때에 이 칙을 들고 말하였다.

대중들이여, 모름지기 이렇게 한 번 돌이켜야 한다. 만일 이렇게 하지 않는다면 한량없는 겁 동안의 업식을 어떻게 깨끗이 씻어버리리오. 운문 노인은 뜻대로 밭 가는 농부의 소를 빼앗고, 시장한 사람의 밥을 빼앗았으나 자기의 상투를 끌어다가 남의 손에 넣어준 줄은 전혀 몰랐다.

다행히 동산 선사가 사람을 무는 사자가 아니었다. 마치 당나귀새끼 한 마리를 얻고서 몹시 기뻐하는 것 같았으니, 마침내는 남의 비웃음을 면치 못할 것이다. 산승은 말하노니, 세 방망이를 아프게 때려서 어떻게든 눈을 뜨게끔 하지 못하고, 밥 주머니로 스스로 한평생 고꾸라지게 했던가. 지금에라도 남의 속임을 받지 않을 이가 있는가? 있거든 나와 보라. 산승이 증명해 주리라.

(주장자를 내리치고)

취한 눈에는 헛것이 보이고, 글자가 크게 보인다. 늙은이는 잠이 없으니 물시계 소리가 끊이지 않네. 잘 있거라.

竹庵珪 小參擧此話云 大衆 須是恁麽一廻 始得 若不如此 無量劫來業識 如何淨盡去 雲門老漢 只管駈耕夫之牛 奪飢人之食 殊不知特髻落別人手裏 猶賴洞山 未是咬人師子 大似得介驢兒 便喜歡 終不免遭

人笑怪 山僧 道 痛施三頓 如何尙未眼開 飯俗子邊 自把一生折倒 如今 還有不受人謾底麽 試出來 山僧 爲你證據 卓柱杖云 醉眼有花書字大 老人無睡漏聲長 珎重

ᢁ 송원 선사가 상당하여 이 칙을 들고 말하였다.

제방에서 모두가 "부자가 서로의 기틀이 맞고, 안팎에서 쪼기를 동시에 했다."라고 하나 운문 선사가 바른 법령을 시행치 못하고 도리어 풀둥지 속을 구르게 한 것이니 동산 선사로 하여금 콧구멍을 잃게 하여 지금에 이르기까지 찾을 곳이 없게 하였음을 전혀 알지 못하였도다.

松源 上堂擧此話云 諸方 盡謂父子投機 啐啄同時 殊不知雲門正令不行 却向草窠裏輥 致令洞山 打失鼻孔 直至如今 無摸索處

ᔕ 밀암걸 선사가 이 칙을 들고 말하였다.

운문 대사는 놓아두기는 지나치게 사치스럽게 하였고, 거두기는 지나치게 검소하게 하다가 마지막에 가서야 정성스러웠다.

어찌하여 본분의 먹이를 주지 못해서 물과 흙탕에 뒤섞이게 하였을까? 동산 선사가 그렇게 깨달았다고는 하나 역시 멍청이가 점치는 헛소리를 듣는 꼴이로다.

密庵傑 擧此話云 雲門大師 放去大奢 收來大儉 末後殷勤 何不與他本分草料 致令和泥合水 洞山 伊麽悟去 也是杓卜聽虛聲

 대원 문재현은 이 칙을 모두 듣고나서 이르노라.

방망이의 위 아래나 보이소서
동산은 당시에 말해야 했고

다음 날 허물 묻다 깨친 동산
운문은 마무리를 해야 했네

번개같이 마무리 하라면
대중은 무엇이라 하겠는가?

1230칙 삼 서 근

본 칙

동산 선사에게 어떤 선승이 물었다.
"어떤 것이 부처입니까?"
동산 선사가 대답하였다.
"삼 서 근이니라."

洞山 因僧問 如何是佛 師云 麻三斤

☁ 지문조 선사 송

삼 서 근은 저울질할 필요 없거니
저울추[16]에 어찌 파리 하난들 앉게 두랴
한 생각 나자마자 힘줄과 뼈 드러남이거늘
다시 저울 눈금을 찾으려 함, 헛수고일세

智門祚 頌
麻皮三斤不用稱
稱頭那肯坐於蠅
一念纔生筋骨露
徒勞更覓定盤星

---

16) 원문에 칭두(稱頭)라고 되어 있는데, 이는 저울에 다는 물건과 서로 무게를 겨루는 한쪽의 둥근 쇳덩어리이다.

◌ 설두현 선사 송

날이 가고 달이 가도
잘 응하는 이에게 어찌 가벼운 범함인들 있으랴
기틀에 부합하게끔 하는 일을 행한 동산의 보임이여
절름발이 자라와 눈먼 거북이 빈 골짜기로 들어옴에
꽃도 가득하고 비단도 가득하네
남쪽 땅에 대요, 북쪽 땅에 나무로다
장경과 육 대부를 생각하니
웃는 것은 되지만 우는 것은 안 된다는 말 알겠네[17)]
이(咦)!

雪竇顯 頌
金烏急玉兎速
善應何曾有輕觸

17) 육긍대부가 남전 선사가 입적한 후 찾게 되어 제사를 올리는데 '허허' 하고 웃기만 하니 원주가 말하기를 "대부는 우리 스승과 벗해 왔는데 왜 울지 않습니까?"라고 하였다. 육긍대부가 "그대가 이를 수 있다면 곧 울겠노라."라고 하였는데, 원주는 말이 없었다. 육긍대부가 "아이고! 아이고! 선사께서 돌아갔네."라고 하였다. 후에 장경 선사가 듣고 "대부가 웃은 것은 되지만 우는 것은 안 된다."라고 했다고 한다.

展事投機見洞山
跛鼈盲龜入空谷
花簇簇錦簇簇
南地竹兮北地木
因思長慶陸大夫
解道合笑不合哭
咦

☁ 투자청 선사 송

삼년에 한 번 윤달이 있다는 것 모두가 아는데도
바보는 때도 기억하지 못하는구나
지난 밤에 기러기 머리 돌리고 사막 변방 차가운데
혹독한 바람 불어도 달 속의 계수나무는 꽃망울을 틔운다

投子青 頌
三年一閏大家知
也有顳頏不記時
昨夜鴈廻沙塞冷
嚴風吹綻月中枝

∞ 부산원 선사 송

북을 치고 비파를 농함이여
잘 아는 양쪽 집안이 서로 만났구려
작년에도 백다섯 번인데
금년에도 또다시 그와 함께일세

(앞의 게송에서 선하는 사람들의 특별히 아는 견해를 송하여 드러냈으니, 다시 두 게송을 지었다.)

십이 봉 앞의 옛 시내니라
골짜기의 구름 깊은 곳에서 헤매지 말아라
선(禪) 하는 이도 나의 구절 알지 못하여
도리어 이 말이 이동(李洞)[18]의 시라 하네

내 말을 더 헤아리거나 견주지 말고
남의 말을 논의할 필요도 없네
하늘땅에 길이 홀로 빛나서
우주와 만나서 합하는 것도 아닐세
돌말〔石馬〕은 숲속의 지름길을 뚫고

---

18) 이동(李洞) : 당나라의 시인.

무쇠소는 해문[19]을 건너가네
한마디에 빛과 모양이 고요해짐이여
아침에 비 오더니 저녁엔 구름이 자욱하네

浮山遠 頌
打皷弄琵琶　相逢兩會家
去年一百五　今歲又與他
(前頌 雖顯禪人 別作解會 又述二首)
十二峰前是舊谿　洞雲深處不須迷
禪人不會儂家句　却謂斯言李洞詩
我語休商較　他言不用論
乹坤長獨逈　宇宙不逢昆
石馬穿林徑　鐵牛渡海門
一言寥景象　朝雨暮雲屯

19) 해문(海門) : 바다로 열려 있는 문.

◌ 장산전 선사 송

구름이 이는 천산 새벽에
만(萬)의 가을 나무에 거센 바람인데
돌성 밑의 물은
파도로 낚싯배를 때리네

蔣山泉 頌
雲起千山曉
風高萬木秋
石頭城下水
浪打釣魚舟

☁ 대우지 선사 송

눈동자가 왔다갔다하며 범서(梵書)를 읽고
혀를 놀려서 진언을 염한다
입술을 내밀어 불을 불더니
잡목에서 나는 연기가 부엌에 가득하다

大愚芝 頌
橫眸讀梵字
彈舌念眞言
吹火長尖觜
柴生滿竈煙

낭야각 선사 송

동산의 삼 서 근이여
금은 참 놋쇠와도 바꿀 수 없다
돈으로 다섯 채색을 사서
벽 위에 천신을 그린다

琅琊覺 頌
洞山麻三斤
眞鍮不博金
將錢買五彩
壁上畵天神

☁ 천복일 선사 송

때묻은 베적삼, 땀 절은 모자
천 개와 만 개를 벗겼건만
밝고 밝은 눈 있어도 점안하지 못하고[20)]
도리어 해골에 구멍을 뚫으려다 부수네

薦福逸 頌
鶻臭布衫膱脂帽
脫下千介與萬介
明明有眼不點睛
却把髑髏鑽欲破

---

20) 원문에 점정(點睛)이라고 되어 있는데 이는 눈동자를 제일 마지막에 그리는 것을 사물의 안목이 되는 가장 중요한 곳을 이루어 완성하는 것에 비유한 것이다.

ꕤ 취암열 선사 송

동산의 삼 서 근이란 말 있었던 것은
납자가 주먹을 높이 들고 중요한 나룻터를 물었음일세
지난 해에 초서(草書) 본 일 생각하니
장전[21]이 미친 뒤엔 다시 사람 없구려

翠嵓悅 頌
洞山有語麻三斤
衲子擎拳問要津
憶着舊年看草字
張顚顚後更無人

21) 장전(張顚) : 초서의 달인이다. 본명이 장욱인데 술을 마시면 소리치며 미친 듯 해서 장전이라 불렸다.

ᔓ 해인신 선사 송

부처를 물었는데 삼 서 근이라 함이여
밥 먹는 스님네들 대개 밤에 차를 든다네
봄이 와서 한식이 지난 뒤에
고목에 까마귀떼 떠드네

海印信 頌
問佛麻三斤
齋僧怕夜茶
春來寒食後
古木噪群鴉

☁ 자수첩 선사 송

고덕이 기틀에 임해 조사 가풍 날림이여
뜬구름 다 걷히고 우뚝한 봉우리 드러나듯 했네
선객이 분명한 뜻 안다 해도
흙 위에 진흙을 한 겹 더 보탬이리

資壽捷 頌
古德臨機扇祖風
浮雲收盡露尖峯
禪人若也知端的
土上加泥又一重

ᯅ 도오진 선사 송

동포가 배우러 와서 나루터를 물으니
와서 두드린 종사가 바로 부처의 종자로세
삼 서 근이라고 설한 것 가장 좋으니
서 근이란 말, 천하에서 신기로운 말이로세
얼마나 많은 종장들이 빈번히 언급했던가
법려들 사이에도 친소가 있으니 어쩌랴
내가 이게 그대 위해 또다시 달아보리니
나타태자가 온몸을 발라냄일세[22)]

道吾眞 頌
同袍參學問通津

---

22) 나타(哪吒) 태자 : '나타'는 도교에서 추앙하는 신으로, 원래는 불교의 호법신 중 하나였다. 도교에서의 정식 명칭은 중단원수(中壇元帥)이다. 비사문천(毘沙門天)의 셋째 아들이다. 힌두교 신화의 등장 인물 나라쿠바라가 원형이라고 한다. 중국 불교나 힌두교의 민화 및 설화의 등장 인물로 서유기(西遊記), 봉신연의(封神演義) 등에 등장하기도 한다. 봉신연의를 보면, 이정(李靖)의 아들로, 금타(金吒), 목타(木吒)의 동생이다. 원래는 인간이 아닌 영주(靈珠)로 이정의 부인인 은씨 몸에서 3년 6개월을 지낸 뒤 세상에 태어난 뒤 태을진인(太乙眞人)이 교육을 시켰다. 7세 때 동해 용왕(龍王)의 부하인 이량(李良)과 용왕의 셋째 아들인 오병(敖丙)을 죽였고, 그것으로 인해 용왕이 이정 부부를 몰아세우자 죄를 대신 받고자 자신의 살과 뼈를 발라내 죽었다고 한다.

來扣宗師正佛因
爲說三斤麻最好
三斤天下說尖新
幾多匠者頻拈掇
奈緣緇侶有親疎
余今更爲重稱過
那吒太子析全身

☁ 앙산위 선사 송

동산의 삼 서 근을
선객들이 제각기 달아보나
저울대 끝이 무거운 줄만 알았고
저울추에 파리 하나 놓아서도 안 됨은 모르네

仰山偉 頌
洞山麻三斤
禪人各自稱
只知稱尾重
稱頭不泊蠅

◌ 동림총 선사 송

파도가 쳐도 금모래는 희고
서리에 시들어도 옥나무는 푸르네
용의 읊음에 하늘의 안개가 일고
범의 휘파람에 골짜기에 바람이 이네

東林惣 頌
浪打金沙白
霜凋玉樹青
龍吟天霧起
虎嘯谷風生

ᢀ 백운단 선사 송

근과 양이 분명하여 그대들을 저버리지 않았으니
눈 속의 동자라, 불만하지 말라
백 년, 삼만 육천 날
기쁜 곳이라 기쁘고도 기쁘구나

白雲端 頌
斤兩分明不負君
眼中瞳子莫生嗔
百年三萬六千日
得欣欣處且欣欣

☁ 오조연 선사 송

싼값에 팔 줄만 아는 담판한[23]
삼 서 근을 덤으로 얹었네
백천 년이 지나도 팔리지 않으니
어느 곳에 온몸을 둘 것인가

五祖演 頌
賤賣擔板漢
貼稱麻三斤
百千年滯貨
何處着渾身

23) 담판한(擔板漢) : 널판지를 멘 남자. 한쪽만 보므로 하나는 알고 둘은 모르는 사람을 비유하여 이르는 말이다.

ᔕ 자수 선사 송

동산의 삼 서 근이여
근과 양에 사람을 속이지 않는다네
묻기 어려운 일에 희유한 말이여
초상화를 그림에 옛 모습 새롭네

慈受 頌
洞山麻三斤
斤兩不謾人
語稀難問事
皃古易傳神

ㅇ 불감근 선사 송

개중의 근과 양에 심히 분명커니
공연히 사고 팜에 저울대만 잡는 것은 쓸데없는 짓일세
수중에 들어 있어 가볍고 무거움을 알거늘
어째서 저울눈금을 잘못 아는고

佛鑑勤 頌
箇中斤兩甚分明
買賣徒勞捻稱杆
入手自知輕與重
如何錯認定盤星

☁ 원오근 선사 송

종소리는 때린 데 있고, 골짜기는 메아리로 받으며
못은 달을 비치고 거울은 형상을 품는다
일찍이 기틀에 부합하게 하는 일을 했다고도 하지 않거늘
그 어찌 미리 긁고 가려움을 기다리랴
쇠를 점찍어 금을 만들고
곧은 것을 들어 굽은 것을 그만두게 한다
한 화살에 독수리 한 쌍이요
한 번 후려갈김에 한 손바닥의 피니라
그대 보지 못했는가
크고도 샘이 없음이여
천성의 그물 갖추어지고 갖추어진 것일세

圓悟勤 頌
鍾在扣谷受響
池印月鏡含像
曾非展事投機
豈是預搔待痒
點鐵成金

擧直措枉

一箭鵰一雙

一摑血一掌

君不見

踈而不漏兮

恢恢天網

ꕤ 숭승공 선사 송

삼의 무게 서 근이여 부처를 답함이거늘
천지가 요동하도록 저울눈금만 다투누나
나쁜 말은 멀리 천 리에 전해지고
좋은 일은 원래 문 밖을 나가지 않는다 했네
문 밖을 나가지 않는다 함이여
해와 달이 엎어진 동이 밑까지 비춤이건만
푸른 솔임을 자손들이 믿지 못하고
밖에서 혼을 찾듯 하는구나

崇勝珙 頌
麻重三斤答世尊
爭星爭兩動乾坤
惡言偏使傳千里
好事從來不出門
不出門
日月焉能照覆盆
不認青松作子孫
也須郊外去招魂

ꩰ 목암충 선사 송

그대가 와서 부처를 묻는다면 무엇을 주랴
다행히 찐 삼 두세 근이 있구나
가져가거든 함부로 쓰려 하지 말아라
쓸 때엔 반드시 그 사람을 보게 하라

(오직 그라야 된다.)

牧庵忠 頌
汝來問佛將何與
賴有火麻三二斤
把去莫教胡亂用
用時須是見當人
(須是渠始得)

ထ 백운병 선사 송

천 봉우리의 형세는 뫼뿌리 가에 와서 멈추고
만 가닥의 물소리는 바다에 돌아가야 사라지네
이글거리는 화로에서 금구슬이 튀어나와
눈 깜박할 사이 얼굴가죽 태우네

白雲昺 頌
千峰勢到岳邊止
萬派聲歸海上消
迸出紅爐金彈子
眼睛定動面皮焦

ᦜ 자항박 선사 송

봉황은 아홉 무늬로 싸여 있고
기린은 외뿔일세
공자는 쇠할 적에 삼가고
춘추[24]를 지었다네

慈航朴 頌
鳳凰九包文
麒麟一隻角
仲尼愼之衰
春秋於是作

24) 춘추(春秋) : 공자가 쓴 중국 최초의 편년체 역사서.

ꕤ 혼성자 선사 송

어떤 것이 부처인가 함에, 삼 서 근이라 함이여
무쇠로 된 저울추에도 떨어져서는 안 된다
납자의 눈 가죽이 한 치나 깊거늘
전과 같이 낙엽이 물을 따라 흐르듯 할 것인가

混成子 頌
如何是佛麻三斤
鐵作稱鎚墜不起
衲僧眼皮一寸深
依前葉落隨流水

∽ 본연 거사 송

꿰맨 틈도 없고, 나뉠 수도 없으니
부처 불, 한 글자에 삼 서 근이라
저울끝에 파리도 설 수 없으니
선객은 자세히 달아 보게

本然居士 頌
沒縫罅忒渾侖
佛一字麻三斤
稱頭不立蠅
禪人子細稱

෴ 무위자 선사 송

삼 서 근이라 함이여
경중을 모르거든 저울질을 말라
설사 서 근을 서 근으로 달아 넘기더라도
역시 저울눈금을 잘못 안 것이로세

無爲子 頌
麻三斤
不知輕重莫權衡
縱使三三稱得過
也應錯認定盤星

ᢀ 열재 거사 송

천 균의 무게를 들어 올리기를
한 터럭같이 거두어 들인다
여덟 면을 활짝 열어 놓아서
온전히 쉬니 평온일세

悅齋居士 頌
擧起千鈞重
收來一髮輕
打開八面着
放下十分平

ᨆ 무진 거사 송

서 근이라면 동산의 삼을 잘 단 것일까?
까딱만 해도 칫수가 만 리나 어긋나네
피가 흐르도록 울어도 쓸데없으니
밤 되면 전처럼 갈대꽃 속에서 잠을 자네

無盡居士 頌
三斤足稱洞山麻
撥動錙銖萬里差
啼得血流無用處
夜來依舊宿蘆花

☁ 불안원 선사가 상당하여 이 칙을 들고 말하였다.

대중들이여, 이런 하나의 일을 어째서 깨달아 아는 사람이 없는고? 동산 선사가 사람들의 알지 못하는 것을 보고 스스로 송하기를

칠보로 소머리를 그리고
황금으로 이마에 점을 찍었네[25)]
봄날씨 맑은 이·삼월을
농군들은 모두가 기점으로 삼는다
한식에 신정을 축하하니(어떤 책에는 하례라 하였다)
쇠돈 삼·사백 푼이라네

하였으니 (어떤 책에는 복엄아 화상의 송이라 하였다) 여러분이여, 이 일전(一轉) 인연에 대하여 모두가 "거친 말에서 섬세한 말에 이르기까지 모두가 제1의제에 돌아간다." 하고 어떤 이는 "근기에 맞추어 활용함이니, 모두가 예사로운 일이다." 하니, 이렇게 아는 것은 옛사람을 묻어버리는 것이다.

---

25) 원문에 점액(點額)이라고 되어 있는데, 여기에는 '시험에 낙제한다'는 뜻도 있지만 '왕이 된다', '주인이 된다'는 의미도 있다. 옛날 어떤 왕이 꿈에 누군가가 자기 이마에 점을 찍었다는 이야기를 하자 신하가 여기에 대해서 그것은 주인이 된다는 의미라고 해몽하였다.

동산 노인을 보고 싶은가?

황금고니는 한 번 뜨면 천 리를 날고, 구름 위에 치솟는 새매는 하늘 닿게 난다. 봉황은 세속의 짐승이 아니니, 상서를 이루는 데는 때가 있다.

佛眼遠 上堂擧此話云 大衆 有恁一件事 何故無人知得 洞山 見人不知了 遂自頌曰

七寶畵牛頭

黃金爲點額

春晴二三月

農人皆取則

寒食好(一本作賀)新正

鐵錢三四百

(有本云 福嚴雅和尙頌)諸仁者 此一轉因緣 盡謂麤言及細語 皆歸第一義 又云 臨機應用 一切尋常 如斯解會 埋沒古人 要見洞山老子麽 黃鵠一擧千里飛 鑽雲鷂子與天齊 鳳凰 不是凡間物 爲瑞爲祥自有時

☁ 육왕심 선사가 이 칙을 들고 말하였다.

동산 선사는 마치 상장군이 부러진 활과 화살을 잡고 천하 난리를 평정하여 모든 백성들로 하여금 모두가 안락케 하는 것 같다.

이러-히 보아 깨달음이여.

대행산 위의 늙은 까마귀니라.

育王諶 拈 洞山 如上將軍 只將斷弓折箭 撥亂天下 使一切生民 皆得安樂 與麼見得 也是大行山上老鴉

ꕀ 죽암규 선사가 상당하여 말하였다.

보지 못했는가? 운거순 노인이 "동산 선사는 삼 서 근이라 했고, 조주는 베적삼 무게가 일곱 근이라 했다. 사람들이여, 이 속의 뜻을 깨닫고자 하는가? 분명히 닭은 오경마다 운다."라고 하였다.

(손으로 비둘기 우는 시늉을 하면서)

곡곡.

대중들이여, 닭이 울었도다. 오경의 새벽에 일어나 침투했는데 다시 밤부터 다니는 사람이 있구나.

竹庵珪 上堂云 豈不見 雲居舜老夫 道 洞山 只道麻三斤 趙州布衫七斤重 時人 要會介中意 明明雞向五更啼 師遂以手作鵓鳩鳴云谷谷呱 大衆 雞啼也 五更侵早起 更有夜行人

◌ 죽암규 선사가 다시 상당하여 이 칙을 들고 말하였다.

대중들이여, 산승이 항상 여러분께 말해 주었으나 아는 이가 적었다. 만일 이 속에서 깨달아 알면 당장에 부처와 조사를 초월하리라.

불법은 모름지기 요처를 깨달아 알아야 한다. 게송 하나가 있으니, 대중에 보이리라.

개는 하늘을 향해 짖고 물고기는 수달피의 먹잇감이다
들불이 띠풀 언덕을 태우고
중은 한밤중에 등잔불을 불어 끈다
급히 달려 옛 자리에 돌아와 보니
바람이 불어도 하늘의 달은 움직인 적이 없는 것과 같다

(주장자를 내리치다.)

又上堂擧此話云 大衆 山僧常說向諸人 卽是少人會 若向者裏會得當下 超佛越祖 佛法 須是向省要處知 始得 有介頌子 擧似大衆
狗吠天魚祭獺
野火焚燒茆崗

山僧夜半吹燈滅
急走歸來舊處看
風吹不動天邊月
卓柱杖

ꩰ 자항박 선사가 상당하여 말하였다.

동산 선사의 삼 서 근과 조주의 뜰 앞의 잣나무가 팔리지 않아 유통되지 않으니 다시 색을 입히지 않을 수 없었구나.

다섯 채색으로 소머리를 그리고, 선뜻 "극칙이다." 하더니, 칠보로 코끼리 몸을 얽고, 이것이 더욱 기특하다고 하네.

'복사꽃 붉고 오얏꽃 희다' 함을, 동군(東君)은 추위에 판별치 못하네. 나비의 삼대춤에, 딱따구리 소리로 십팔박을 맞춘다 하랴.

하하하! 가엾구나. 언덕 위를 오가는 사람들 당당히 눈을 뜨고도 도둑을 맞으니.

이(咦)!

慈航朴 上堂云 洞山麻三斤 趙州庭前栢 滯貨賣不行 未免着潤色 五彩 畵牛頭 便道是極則 七寶絡象身 此介更奇特 桃花紅李花白 東君怯寒辨未得 且令蝴蝶舞三臺 啄木和成十八拍 阿阿阿可憐陌上遊人開眼堂堂着賊 咦

 대원 문재현은 이 칙을 모두 들고나서 이르노라.

동산 선사의 삼 서 근을 알고픈가?

무주의 맥반석의 서 근에다
익산의 홍보석을 서 근하면
서 근에 서 근이니 엿 근일세

1231칙 친절한 한 구절

 본 칙

동산 선사에게 어떤 선승이 물었다.
"어떤 것이 친절한 한 구절입니까?"
동산 선사가 대답하였다.
"달마는 앞니가 없느니라."

洞山 因僧問 如何是親切一句 師云 達磨無當門齒

☁ 심문분 선사 송

앞니 없단 그 한마디 가풍을 드러냄인데
생각하고 헤아림 한바탕 헛되네
소진은 황금도장만을 사랑하다가
남의 입에 오르내리는 가운데 몸 망하는 것마저 몰랐네[26)]

心聞賁 頌
缺却當門便露風
思量也是一場空
蘇秦只愛黃金印
不道身亡口舌中

26) 소진은 머리를 천장에 매고 송곳으로 다리를 찌르며 공부하여 끝내 성공하였는데, 춘추전국시대의 일곱 나라 중에 여섯 나라를 다닐 수 있는 황금도장을 갖고 있었다. 언변이 좋아서 큰 벼슬을 하며 여섯 나라를 다니다가 제나라 자객에게 암살당했다.

 대원 문재현은 이 칙을 모두 듣고나서 이르노라.

당시에 나라면 "초겨울 옷섶 안의 바람이다." 했을 것이다.

1232칙 종이심지에 기름이 없다

 본 칙

동산 선사에게 어떤 선승이 물었다.
"어떤 것이 선지식의 눈입니까?"
동산 선사가 대답하였다.
"종이심지에 기름이 없다."

洞山 因僧問 如何是善知識眼 師云 紙撚無油

⊂ 오조연 선사가 이 칙을 들고 말하였다.

동산 노장이 없는 것은 아니지만 단지 너무나 검소했다. 갑자기 어떤 이가 나에게 "어떤 것이 선지식의 눈입니까?"라고 묻는다면 그에게 "소경이다." 하기만 하리라.

무슨 까닭인가 하면 걸맞게 하려는 뜻이니라. 종이심지에 기름이 없다 함이여, 매우 뛰어나구나. 감히 아는 척 할 수 없는 줄 누가 알리오. 몸을 돌림에 오던 길을 생각하노니, 달빛 아래 성큼성큼 발 닿는 대로 돌아왔네.

五祖演 擧此話云 洞山老漢 不是無 只是大儉 忽有人 問四面 如何是善知識眼 只向伊道 瞎 何故 且要相稱 紙撚無油也大奇 不堪拈掇有誰知 回身却憶來時路 月下騰騰信脚歸

 대원 문재현은 이 칙을 모두 들고나서 이르노라.

어떤 이가 내게 "어떤 것이 선지식의 눈입니까?" 하면 "등이다." 할 것이다.

왜 그렇느냐고 까닭을 묻는다면 "이것이 동산 선사의 뜻이기 때문이다." 할 것이다.

1233칙 말로는 일을 펴지 못하고

 본 칙

동산 선사가 말하였다.

"말로는 일을 펴지 못하고, 구절로는 기틀에 부합하지 못한다. 말을 따르는 이는 망하고, 구절에 걸리는 이는 미혹되니라."

洞山 云 言無展事 語不投機 承言者喪 滯句者迷

ꕥ 운문고 선사 송

말로는 일을 펴지 못하고
구절로는 기틀에 부합하지 못한다
말을 따르는 이는 망하고
구절에 걸리는 이는 미혹된다

(사람을 만나거든 잘못 이야기하지 말아야 할 것이다.)

雲門杲 頌
言無展事
語不投機
承言者喪
滯句者迷
(逢人 不得錯擧)

ᔓ 죽암규 선사 송

쐐기를 빼고 못을 뽑으려는 뜻은
사람들을 끈끈이와 결박에서 풀어주고자 함인데
어찌하여 동산 노인은
자기 스스로 먼저 등칡과 뱀으로 다리를 묶는가

竹庵珪 頌
只要拔楔抽釘
爲人解黏去縛
如何洞山老人
先自藤蛇遶脚

ↀ 서광본 선사가 이 칙을 들고 말하였다.

납승이 이에 이르러서 또다시 무엇을 하자는 것인가? 그 어찌 대삿갓을 쓰고 도롱이를 입고 가벼운 배를 띄워 곧은 낚시를 드리운 선지식 찾는 일을 쉬지 못하였던가.

원숭이가 푸른 봉으로 돌아간 뒤로부터, 낚시를 던지고 배를 뒤엎고, 소상강 물이 몇 번이나 맑아졌던가.

瑞光本 擧此話云 衲僧 到此 又且奚爲 何如戴箬笠披蓑衣 垂直釣泛輕舟 訪尋知識未能休 自從猨子歸青嶂 抛却釣覆却舟 從教湘水幾 淸秋

ග 각범 선사가 말하였다.

운암 선사의 말에 "옛적에 동산 선사가 운문 선사에게 참문하여 말끝에 진리를 깨닫고, 부처의 빠른 지견에 들어가서 가지고 있던 땀 절은 모자와 냄새 나는 적삼을 몽땅 벗어버리고 네 구절의 게송으로 깨달음을 밝혔으니, 이는 일을 펴는 자재한 작용과 기틀에 부합하는 공교로운 방편의 가풍을 얻었기 때문이다.

그가 근기에 응하고 중생을 제접함에 말을 따르거나 구절에 걸림이 없는 것이, 마치 사자왕과 같이 대자재해서 영각을 하면 모든 짐승이 다 벼락친 듯 놀라니, 법왕의 법이 으레 이렇기 때문이다." 라고 하였으니 인하여 구절을 따라 풀이하여 송하리라.

대용이 현전하여 능히 일을 펴니
봄이 오면 어디인들 꽃이 피지 않으랴
세 방망이 때리고 방에 가서 앉았노니
사해가 한 집이로다

천차와 만별에서 기틀에 부합시킴 알았으니
눈 밝은 종사가 자재하는 때라네
북두 속에 몸 숨긴단 말 있기는 하나
무리에서 뛰어난 소식 아는 이 적네

산 구경, 물 구경하며 말을 따르나
자기 자신의 헤아림에도 치우침이 전혀 없네
냄새 나는 적삼을 벗을 것도 없이
풍속 따라, 흐르는 세월 따라 지낸다네

구절에나 걸리고 말이나 따르면 이것이 소경에 귀머거리이니
참선하고 도를 배운다 해도 자신에게 아무런 공이 없네
깨치고 보면 조금도 힘쓸 것 없음이여
불길 속의 사마귀가 호랑이를 삼키네

覺範 云雲嵓曰 昔 洞山 參雲門 悟旨於言下 入佛正知見 所有炙脂帽子 鶻臭布衫 皆脫去 以四句偈 明其悟 蓋得展事自在之用 投機善巧之風故 其應機接物 不承言不滯句 如師子王 得大自在 於哮吼時 百獸震駭 蓋法王法 如是故也 因隨句釋之頌曰

大用現前能展事　春來何處不開花
放伊三頓參堂去　四海當知共一家
又曰
千差萬別解投機　明眼宗師自在時
北斗藏身雖有語　出群消息少人知
又曰
游山翫水便承言　自己商量摠不偏

鶻臭布衫脫未得　且隨風俗度流年

又曰

滯句承言是瞽聾　參禪學道自無功
悟來不費纖毫力　火裏蝍蟟呑大蟲

ꩰ 죽암규 선사가 이 칙을 들고 말하였다.

산승이 그대들에게 묻노니, 복도 앞이나 시렁 뒤에서 갑자기 누군가가 소리를 질러 그대를 부를 때가 어떤가?

그대들은 종일토록 꼭두새벽부터 저녁까지 동·서를 이야기하며 입만 나불거린다.

이는 말에 있는 것인가, 말에 없는 것인가? 그대들은 어떻게 생각하는가? 속히 일러라. 속히 일러.

오음십팔계 속 주재를 짓지 말라.

竹庵珪 擧此話云 山僧 問你 前廊後架 忽有人 喚你聲時如何 你終日絶早至夜 說東道西 口子吧吧地 是有語 是無語 你作麽生會 快道快道 莫向陰界裏作主宰

⌓ 육왕심 선사가 말하였다.

말로는 일을 펴지 못하고 구절로는 기틀에 부합하지 못한다 하였으니, 그대가 물어도 나는 대답하지 말아야 할 것이요, 말을 따르는 이는 망하고 구절에 걸리는 이는 미혹한다 하였으니, 내가 대답해도 그대는 모를 것이다.

그대가 이미 알지 못한다면 나 또한 대답해준 것이 못 되니, 이익이 있겠는가, 없겠는가?

이익이 있느니 없느니 하는 것은 장터의 행태를 끊지 못함이나, 섣달의 부채도 쓸 때가 있느니라.

育王諶 擧 言無展事 語不投機 你問我不答 承言者喪 滯句者迷 我答你不會 你旣不會 我又不答 還有利益也無 有利無利 不離行市 然雖如是 臘月扇子 亦有用着時節

☁ 송원 선사가 상당하여 이 칙을 들고 말하였다.

밑바닥까지 들어 뒤집으니, 조주의 동원(東院) 서쪽이니라.

松源 上堂擧此話云 和底掀飜了 趙州東院西

 대원 문재현은 이 칙을 모두 들고나서 이르노라.

세상의 모든 말이 이치 없이는 생기지 않았고, 구절 역시 까닭없이 있게 된 것이 아니다.

하지만 이러한 말들이 팔대독자를 생각하는 노모의 자식 향한 자비 같은 데서 있다 하나, 모두 다 스스로 자승자박하는 꼴이니 어쩌랴.

옷섶 안의 바람이 찬 가을 저녁
노을 등진 나그네는 바쁘고

갈매기 자질하며 나르는
바다 위 어선 한 척 아득한데

갯마을 스산한 부둣가에
아낙네가 팔짱끼고 서있네

1234칙 뛰어나도다

 본 칙

심(深)·명(明) 두 상좌가 어부의 그물에서 잉어가 한 마리 뛰어나오는 것을 보았는데 심 상좌가 말하였다.

"뛰어나도다. 마치 한 명의 납승 같습니다."

명 상좌가 말하였다.

"그렇지만 애초에 그물에 걸리지 않은 것만 하리오."

이에 심 상좌가 말하였다.

"그대의 깨달음에 결함이 있소."

명 상좌가 한밤중이 되자 비로소 깨달았다.

深明二上座 見漁人網 一鯉魚透出 深云 明兄 俊哉 一似介衲僧相似 明云 雖然如此 爭似當時不撞入網羅好 深云 你欠悟在 明 至半夜 方省

ఌ 운문고 선사 송

뛰어나도다 함이여, 한 번 뛰어 두 겹 못까지 뛰어넘으니
벽력같이 추적해 간다 해도 재빠르다 못할 걸세
우습구나! 용문에서 꼬리만 태운 이가[27)]
아직도 상처가 난 이마로 파도 속에 있구나

雲門杲 頌
俊哉一躍透重淵
霹靂追之去不還
却笑龍門燒尾者
依前點額在波瀾

27) 잉어가 용문을 뛰어넘으면 용이 되는데, 뛰어넘으려고 할 때 천화(天火)가 일어나서 잉어의 꼬리를 태운다. 이를 견디며 계속 앞으로 나아가서 끝내 용문을 뛰어넘어야 용이 된다. 이러한 일화 때문에 과거시험을 볼 때 장원급제하는 것을 '잉어가 용문을 뛰어넘었다'라고 하거나, 혹은 등용문이라고 한다. 또 시험에 떨어졌을 때 '등용문하지 못하고 꼬리만 탔다.'라고 말하기도 한다.

☁ 죽암규 선사 송

그물에서 뛰어나 곧장 날아오름이여
멋진 천연의 뛰어난 납자로다
어찌 당초 그물에 들지 아니함만 하랴 한 이가
깨닫고 나서야 비로소 이를 지음했다네

竹庵珪 頌
網中跳出便飛騰
好介天然俊衲僧
何似當初未入網
悟來方始是知音

☁ 육왕심 선사 송

불그레한 뺨과 지느러미가 살아서 펄펄 뛰니
그 어찌 협산의 독에 담궈지랴
펄떡이는 한 소리에 그물을 벗어나려는가?
긴 회강이 만 리에 깊고 푸르다

育王諶 頌
赬尾紅顋活鱍鱍
肯向夾山虀瓮淹
鱍剌一聲離網罟
長淮萬里碧潭潭

ↀ 천동각 선사가 상당하여 이 칙을 들고 말하였다.

만 가지 형상 속에서 격식을 벗어났으나 스스로 연을 냄이 있고 온통한 빛 뒤에 굴린 몸이여 모름지기 활로의 분이 있네. 이미 이렇다면 참으로 납승의 일원이리라.

말해보라. 납승의 행리할 곳이 어떤 것인고?

길을 맞아, 글자 없는 도장을 손에 쥔 묘함이여, 말 발굽이 마칠 때까지 티끌 진흙에 물들지 않는다.

天童覺 上堂擧此話云 萬像之中脫體 自有生緣 一色之後 轉身 須分活路 旣如是也 眞是一員衲僧 且道 衲僧行李處 作麽生 妙握當途無字印 馬蹄終不染塵泥

ꩰ 운문고 선사가 이 칙을 들고 말하였다.

명 상좌가 깨달았다 하니 말해보라. 그물 속인가, 그물을 벗어난 것인가?

雲門杲 拈 明上座悟底 且道 是網羅裏底 是出網羅底

☁ 심문분 선사가 이 칙을 들고 말하였다.

심형은 그가 그물에서 벗어나는 것을 보았고, 명형은 그가 그물에 들어간 것을 가엾이 여겼다.

천하의 납승들은 이 화두를 이야기할 줄만 알고, 그물이 머리 위에 걸려 있음은 전혀 모르는구나.

心聞賁 拈 深兄 見他出網 明兄 憐他入網 天下衲僧 祇知擧話 不知網在頭上

 대원 문재현은 이 칙을 모두 듣고나서 이르노라.

심·명 두 분이여! 조주차나 드시구려.

동원의 복사꽃이 활짝 피고
꽃향기도 가득한 뜰 앞이라

범나비 쌍쌍으로 날아들고
훈훈한 바람까지 이르누나

묘선은 작설차를 내오고
진연은 가야금을 농현하렴

1235칙 거짓 이름을 무너뜨리지 않고 실상을 말한다

본 칙

소주 백운산 자상 실성 대사가 어떤 선승에게 물었다.

"거짓 이름을 무너뜨리지 않고 실상을 말한다 하니, 무슨 뜻인가?"

선승이 손가락으로 의자를 가리키면서 말하였다.

"저것은 의자입니다."

실성 대사가 손으로 의자를 흔들면서 말하였다.

"신 주머니를 가져오너라."

선승이 대답이 없자 실성 대사가 말하였다.

"머리가 빈 자구나."

나중에 운문 선사가 이 말을 듣고 말하였다.

"모름지기 상(祥)형이라야 될 것이다."

韶州白雲山子祥實性大師 問僧云 不壞假名 而談實相 作麼生 僧 指椅子云 者介 是椅子 師以手撥椅子云 將鞋帒來 僧 無對 師云 者虛頭漢 雲門 聞云 須是祥兄 始得

ꩲ 운문고 선사가 대중에게 보이고 이 칙을 들고 말하였다.

운문 선사는 강한 이는 돕고 약한 이는 돕지 않았으나 아기를 귀여워하다가 추해지는 줄 몰랐으니 어찌하랴? 그 선승이 그때에 이런 선승이어서 그가 신 주머니를 가져오라 했을 때에 선상을 흔들어 쓰러뜨렸더라면 설사 백운이 어금니가 검 같고, 입이 핏동이 같더라도 어쩔 수 없었으리라.

雲門杲 示衆擧此話云 雲門 扶强不扶弱 爭奈憐兒不覺醜 者僧 當時若是介漢 待他道將鞋俗來 便與掀倒禪床 直饒白雲 牙如釰樹 口似血盆 也分踈不下

 대원 문재현은 이 칙을 모두 들고나서 이르노라.

당시에 이 사람이 그 선승이었다면 엽차를 드리며 "이 엽차야말로 조주의 차맛입니다. 드소서." 했을 것이다.

1236칙 막(莫)

본 칙

요주 천복 승고 선사에게 어떤 선승이 물었다.

"어떤 것이 천복의 경계입니까?"

천복 선사가 대답하였다.

"막(莫)!"

선승이 다시 물었다.

"어떤 것이 그 경계 속의 사람입니까?"

천복 선사가 대답하였다.

"막!"

선승이 다시 물었다.

"듣건대 스님께서는 오랫동안 주머니 속에 보물을 간직하고 계시다 들었는데 오늘 이 자리에서 잠시 빌려 주시겠습니까?"

천복 선사가 대답하였다.

"막!"

선승이 다시 물었다.

"화상께서 어찌 방편이 없으시겠습니까?"

천복 선사가 대답하였다.

"막!"

선승이 다시 물었다.

"대선지식이 무엇으로 사람들을 위하십니까?"

천복 선사가 대답하였다.

"막!"

선승이 다시 물었다.

"어떻게 해야 질문이 있고 대답이 있겠습니까?"

천복 선사가 대답하였다.

"막!"

饒州薦福承古禪師因僧問 如何是薦福境 師云 莫 曰 如何是境中人 師云 莫 問 聞師久蘊囊中寶 今日當筵略借看 師云 莫 曰 和尙 豈無方便 師云 莫 問 大善知識 將何爲人 師云 莫 曰 恁麽則有問有答去也 師云 莫

☁ 숭승공 선사 송

천복의 막을 안다고 하면 틀리리니
제호가 도리어 독약을 이루리
이미 용수와 마명도 아니거늘
어찌 천친이나 무착이랴
짚신을 밟아 헤지게 하는 것을 위해서가 아니었으니
다만 그때의 행각을 위해서였네

崇勝珙 頌
薦福莫會還錯
醍醐飜成毒藥
旣非龍樹馬鳴
豈是天親無着
不因踏破草鞋
只爲當年行脚

ᔕ 송원 선사 송

막이라 하고 막이라 하여 드러냄이여
한 가닥 끊어진 돈 꿰는 새끼로세
부처든 중생이든 자신으로부터 자재함이라
하늘에 닿는 콧구멍을 모두 꿰었네

松源 頌
莫莫拈出
一條斷貫索
任從我佛及衆生
遼天鼻孔都穿却

 대원 문재현은 이 칙을 모두 들고나서 이르노라.

천복 선사의 '막'이여! 모든 공안의 핵이로세.

천복은 '막'으로써 다하였고
구지는 '일지'로써 다했다면
대원은 '험'으로써 다하노라

1237칙 공겁 이전의 자기

 본 칙

천복 선사가 대중에게 보이고 말하였다.

"모름지기 바로 공겁 이전의 자기를 깨알아야 되고, 포태가 갖춰지기 전을 깨달아야 된다. 무엇이 공겁 이전의 자기인가? 본래 명자도 없거늘 방편으로 여래의 정법안장, 열반묘심이라 하느니라."

薦福 示衆云 直須向空劫時 了取自己 未具胞胎已前認取 何者是空劫時自己 本無名字 方便 呼爲如來正法眼藏涅槃妙心

☁ 정엄수 선사 송

징조가 있기도 전에는 누가 주인공인가
요요한 온몸은 이지러진 적 없네
태허와 같아 본래 스스로 닫힌 적 없거늘
한 생각 어긋날 때 만 겁을 어긋나네

淨嚴逐 頌
朕兆未生誰是主
寥寥全體不曾虧
大虛本自無關鏁
一念參差萬劫違

 대원 문재현은 이 칙을 모두 들고나서 이르노라.

어떤 이가 내게 "무엇이 공겁 이전의 자기인가?" 묻는다면 "코다." 하리라.

1238칙 무엇으로 복을 주는가

 본 칙

기주 북선 적 오공 대사가 어떤 선승에게 물었다.

"어디서 오는가?"

선승이 대답하였다.

"황주에서 옵니다."

오공 대사가 다시 물었다.

"어느 절에 있었는가?"

선승이 대답하였다.

"자복에 있었습니다."

오공 대사가 다시 물었다.

"무엇으로 복을 주던가?"

선승이 말하였다.

"두 겹의 공안이군요."

이에 오공 대사가 말하였다.

"그러나 북선의 손아귀에 있으니 어쩌랴?"

선승이 대답하였다.

"화상의 손아귀에 있다 하시니, 거두어 취해 보십시오."

오공 대사가 때렸더니 선승이 달게 여기지 않자, 오공 대사가 뒤를 따라가서 쫓아내버렸다.

蘄州北禪寂悟空大師 問僧 甚處來 僧云 黃州 師云 在什麽院 僧云 資福 師云 福將何資 僧云 兩重公案 師云 爭奈在北禪手裏 何 僧云 在和尙手裏 卽收取 師便打 僧 不甘 師隨後趁出

설두현 선사가 말하였다.

기괴하구나! 마치 선사를 뛰어넘는 작용이 있는 양 하였구나. 그 선승을 알고 싶은가? 다만 앞만을 탐낼 줄 알고, 뒤를 돌아볼 줄은 몰랐구나. 만일 설두의 손아귀에 있었더라면 방망이가 부러지더라도 놓아주지 않았으리라.

雪竇顯 云 奇怪 宛有超師之作 還知這僧麽 只解貪前 不能顧後 若在雪竇手裏 棒折 也未放在

 대원 문재현은 이 칙을 모두 들고나서 이르노라.

"무엇으로 복을 주던가?" 할 때 "어떻습니까?" 했어야 했고, 또 "북선의 손아귀에 있으니 어쩌랴?" 할 때 "남북은 무엇이며, 안팎은 무엇입니까? 0 곱하기 0은 어떠한 경우에도 0인 것을. 하. 하. 하." 했어야 했다.

1239칙 평지에서 높은 비탈을 바라본다

 본 칙

영주 조횡산 유 화상에게 어떤 선승이 물었다.

"어떤 것이 부처입니까?"

유 화상이 말하였다.

"평지에서 높은 비탈을 바라본다."

郢州趙横山柔和尙 因僧問 如何是佛 師云 平地 望高坡

☁ 투자청 선사 송

강산을 다 다니며 얼마나 공을 들였던가
비로소 옛과 같다고 이야기하는 사람을 만났구나
봄날에 동정호의 남쪽 기슭에 이르르니
새는 서령에서 울고, 달은 동령에 돋누나

投子青 頌
江山歷盡幾施功
方得逢人話昔同
春到洞庭南壁岸
鳥啼西嶺月生東

ᯅ 정엄수 선사 송

평지에서 높은 비탈을 바라본다 함이여
첫 여름에 보리이삭이 배부르다
농가에서는 새해를 기뻐하고
나무꾼과 목동은 모두 노래하네

淨嚴遂 頌
平地望高坡
初夏麥含梭
農家欣有歲
樵牧盡謳歌

 대원 문재현은 이 칙을 모두 들고나서 이르노라.

어떤 이가 내게 "어떤 것이 부처입니까?" 묻는다면 "불." 했을 것이다.

1240칙 손가락을 들다

 본 칙

수주 지문 사관 명교 대사가 개당하는 날에 손가락을 들어 대중에게 보이고 말하였다.

"알겠는가?"

선승이 대답하였다.

"모릅니다."

명교 대사가 말하였다.

"앞은 안산이요, 뒤는 주산이니라."

隨州智門師寬明教大師 開堂日 擧指示衆云 會麽 僧云 不會 師云 前是按山 後是主山

ↀ 장산전 선사 송

앞은 안산이요, 뒤는 주산이라 함이여
푸르름이 첩첩 쌓인 곳에 천상과 인간일세
늙은 운문의 콧구멍을 부수고
큰 가섭의 심중을 뒤집어버린다
홀연히 왔다가 홀연히 감이여
흰 구름 두둥실 흘러간다
깊고 얕음 가려냄이여
시냇물 졸졸 흐른다
그대 보지 못했는가?
장사 노인을 뒤쫓을 길 없느니
처음에는 꽃다운 풀을 따라가다가
다시 지는 꽃을 쫓아 돌아온다 하였네

蔣山泉 頌
前是按山後是主山
堆青疊碧天上人間
撇破老雲門鼻孔
觸翻大迦葉機關

忽去忽來兮

白雲冉冉

分深分淺兮

澗水潺潺

君不見

長沙老絶追攀

始隨芳草去

又逐落花還

 대원 문재현은 이 칙을 모두 들고나서 이르노라.

천장의 밝은 등은 안산의 도리며
등 뒤의 달마상은 주산의 도리건만
많은 수가 흙 쫓는 개짓들을 하는구나

1241칙 숲속에서 서로 만나는 일

 본 칙

명교 선사가 오조계 선사에게 물었다.

"더위가 가고 추위가 오는 것은 묻지 않거니와 숲속에서 서로 만나는 일이 어떤가?"

오조계 선사가 말하였다.

"오봉루 앞에서 옥루 소리를 듣습니다."

명교 선사가 다시 말하였다.

"그러나 주산은 높고 안산은 낮으니 어쩌겠는가?"

오조계 선사가 말하였다.

"수미산 꼭대기에서 금종을 칩니다."

明教問五祖戒 暑往寒來則不問 林下相逢事若何 戒云 五鳳樓前 聽玉漏 師云 爭奈主山高按山低 戒云 須彌頂上 擊金鍾

✿ 원오근 선사 송

높고 높은 봉우리에 은물결 솟구치고
깊고 깊은 바다 밑에 붉은 먼지 일어나네
금종과 옥루로 물음에 답함이여
넘치는 천하 사람들의 의심을 없앴네
진실로 작가가 아니었다면
누가 요처를 물을 것인가
채찍을 잡고 고개를 돌리니
사해가 좋은 이웃이로세
그대 보지 못했는가?
공자와 백설이
서로 만남에 일산을 숙인 일이 매우 기이하다 하네

圓悟勤 頌
高高峰頂飜銀浪
深深海底起紅塵
金鍾玉漏相酬酢
疑殺滔滔天下人
苟非作者

孰問關津
執鞭迴首
四海良隣
君不見
仲尼溫白雪
傾盖相逢也奇絶

☁ 심문분 선사 송

문득 만나자 마음의 뜻 통함이여
서로 소식을 다시는 끊이지 않게 하였네
오봉루에서 지난 밤에 동호 화살로
이미 벌써 해와 달의 복판을 쏘았다네

心聞賁 頌
邂逅相逢豁意襟
不敎消息更平沈
鳳樓昨夜銅壺箭
已射金烏玉兎心

ꕥ 황룡남 선사가 상당하여 이 칙을 들고 말하였다.

계(戒) 선사는 걸음마다 높이 오를 줄만 알았고 허공으로부터 내려올 줄은 몰랐다. 만일 귀종이라면 그렇게 하지 않으리라.

"멀리서 연기와 먼지를 무릅쓰고 온 것은 묻지 않겠지만 숲속에서 만나는 일은 어떤가?" 하면 "한왕(漢王)은 도가 있었으나 무도한 이가 되었다." 하리라.

"그러나 안산은 낮고 주산은 높으니 어찌하랴?" 하면 "범여[28]는 공(功)에 따라 벼슬을 줄 때 공을 받지 않았네." 하리라.

黃龍南 上堂擧此話云 戒禪師 只解步步登高 且不會從空放下 若是歸宗 則不然 遠涉煙塵則不問 林下相逢事若何 云 漢王 有道成無道 爭奈案山低主山高 范蠡論功却不功

---

28) 범여(范蠡) : 월왕 구천을 도와 오를 멸망시키고 나라를 찾은 후 공을 다 버리고 떠났다.

 대원 문재현은 이 칙을 모두 들고나서 이르노라.

나는 오조계 선사 같지 않아서 "숲속에서 서로 만나는 일이 어떤가?" 하면 "지금 이보다 더할 것이 없습니다." 했을 것이다.

돌범은 공중에서 노래하고
진흙용은 물속에서 춤추며
물사자는 산중을 종횡하네

1242칙 주장자

 본 칙

명교 선사가 산을 돌고 돌아오니, 수좌가 대중들과 함께 솔밭에서 나와 영접하면서 말하였다.

"화상께서 몸소 산을 도실 때, 험하여 쉽지 않았겠습니다."

명교 선사가 주장자를 짚고서 말하였다.

"완전히 이 힘이었느니라."

이에 수좌가 앞으로 나서서 주장자를 빼앗아 한 쪽으로 던져버리니, 명교 선사가 몸을 놓아 곧장 쓰러졌다.

대중이 앞다퉈 나와서 붙들어 일으키거늘, 명교 선사가 주장자를 휘둘러 모두 쫓아버리고 시자를 돌아보면서 말하였다.

"너희들에게 완전히 이 힘이라고 하지 않았느냐?"

明教游山迴 首座與衆 出松行接 座云 和尙 游山 巇嶮不易 師拈柱杖云 全得這箇力 座乃進前奪却 抛向一邊 師放身便倒 大衆 遂進前扶起 師拈柱杖 一時趁散 迴顧侍者云 向你道全得這介力

ᦲ 황룡남 선사가 말하였다.

명교가 비록 일어날 줄도 알고 쓰러질 줄도 알았으나, 능숙함을 자랑하다가 도리어 졸렬하게 된 줄을 깨닫지 못했구나.

黃龍南 云 明敎 雖然會起會倒 不覺弄巧成拙

 대원 문재현은 이 칙을 모두 들고나서 이르노라.

이 사람은 명교 화상처럼 하지 않고, 그렇게 말한 수좌를 향해 우뚝 서서 "잘 전하라."라고만 했을 것이다.

1243칙 강(降)

 본 칙

명교 선사에게 어떤 선승이 물었다.
"어떤 것이 부처입니까?"
명교 선사가 대답하였다.
"강(降)!"

明教因僧問 如何是佛 師云 降

☁ 장산전 선사 송

불조도 모르거늘
귀신이 어찌 헤아리랴
우레 같은 한 소리건만
하늘 땅이 캄캄하구나
부처님 가신 지 2천 년이여
관음이 머리를 조아려 미륵에게 묻는다

蔣山泉 頌
佛祖不知
鬼神那測
霹靂一聲
天地黯黑
怛薩阿竭二千年
觀音稽首問彌勒

 대원 문재현은 이 칙을 모두 듣고나서 이르노라.

만약 어떤 이가 내게 "어떤 것이 부처입니까?"라고 묻는다면 "부처니라." 할 것이다.

여러분, "부처니라." 한 말과 "강!" 한 말이 같은 소리인가, 다른 소리인가?

가려내 보아라.

1244칙 향을 들다

본 칙

장주 보복 청활 선사가 처음에는 대장 계여 암주에게 참문했다가 나중에 수룡 선사를 찾아갔는데 수룡 선사가 어느 날 청활에게 물었다.

"어떤 큰스님을 만나 뵙고 오는가? 깨닫기는 했는가?"

청활이 대답하였다.

"청활이 일찍이 대장 선사를 찾아가서 깨달은 바가 있었습니다."

이에 수룡 선사가 상당하여 대중을 모으고 청활을 불러 말하였다.

"청활 사리야, 나와서 대중 앞에서 향을 피우고 깨달은 경지를 말해보라. 노승이 그대를 증명해 주리라."

청활이 곧장 나아가 향을 들고 말하였다.

"향은 이미 피웠습니다만, 깨달았다 하면 깨달은 것이 아닙니다."

수룡 선사가 몹시 기뻐하며 인가하였다.

漳州保福淸豁禪師 初參大章契如庵主 後見睡龍 龍 一日 問師 見何尊宿來 還悟也未 師云 淸豁 嘗訪大章 得介省處 龍 於是 上堂集大衆 召淸豁闍梨出 對衆燒香 說悟處看 老僧 與你證明 師便出拈香 乃曰香卽已燒 悟卽不悟 龍 大悅而許之

☁ 백운병 선사가 이 칙을 들고 말하였다.

그 선승이 토해낸 소식을 아는 사람이 없다 할 것이나, 만일 남화의 문하에 왔다면 방망이를 맞기에 알맞다 하리.

그 선승이 이미 깨달은 곳이 있다는데 어째서 다시 방망이를 맞는다는 것인가? 남화가 만일 방망이를 쓰지 않는다면 견해가 저 모든 사람과 같다고 할 것이다. 알겠는가?

격(隔)!

白雲昺 拈 者僧吐露介消息 將謂無人識得 若到南華門下 正好喫棒 只如這僧 旣有悟處 因甚 更着喫棒 南華 若不行棒 將謂見解 與他一般 還會麽 隔

ᔓ 죽암규 선사가 소참 때에 이 칙을 들고 말하였다.

이미 깨달은 경지를 바친다면서 어찌하여 "향은 이미 피웠습니다만, 깨달았다 하면 깨달은 것이 아닙니다."라고 했을까? 그대들 선객들이여 곧장 알았다고 해야 옳다 하겠는가?

이 일은 본래부터 미혹도 깨달음도 없다. 그러므로 "향은 이미 피웠습니다만, 깨달았다 하면 깨달은 것이 아닙니다."라고 하였다.

어떤 이는 "향을 이미 피웠다는 것이 그 어찌 깨달음을 바친 곳이 아니겠는가?" 하나 만일 이렇게만 안다면 두가(杜家) 선객[29]이니, 헛 말뚝을 박는 놈이리라.

산승은 말하노니 "향은 이미 피웠습니다만, 깨달았다 하면 깨달은 것이 아닙니다." 한 것이 기특하기는 하나, 마침내 공포문이 되어버렸구나.

전부터 있던 땀에 절은 적삼을 벗고 다시 엄마가 낳아 준 바지마저 벗어야 된다.

형수는 원래가 형의 아내요, 비구니는 원래 여자일세.

竹庵珪 小參擧此話云 旣是呈悟處 如何却道香則已燒 悟則不悟 你禪客 便道可知 是也 此事 本來無迷無悟 所以道 香則燒了 悟則不悟

29) 두가(杜家) 선객 : 엉터리 선객.

有底 又道 香則燒了 豈不是呈悟處了也 若恁麽會 只是杜家禪客 打野榸漢 山僧 道 香則已燒 悟則不悟 雖然奇特 終成露布 不着從前貼肉衫 更須脫却娘生袴 阿嫂元是大哥妻 師姑 元是女人做

 대원 문재현은 이 칙을 모두 듣고나서 이르노라.

보복 청활 선사께서 사실을 말한 것은 인증하나 어쩌랴. 물속의 달놀이나 하는 철부지를 면치 못했음을 만천하에 드러낸 꼴이니. 하. 하. 하.

창공의 한 폭 구름 한가하고
초원의 소떼들은 풀 뜯는데
아련한 확성기의 퉁소소리…

1245칙 집이 가난한데 도적을 맞을 때

 본 칙

보복 선사에게 어떤 선승이 물었다.

"집이 가난한데 도적을 맞을 때가 어떠합니까?"

보복 선사가 대답하였다.

"바닥까지 다하지는 못했다."

선승이 다시 물었다.

"어째서 바닥까지 다하지 못했다 합니까?"

보복 선사가 대답하였다.

"도적이 집안의 어버이기 때문이니라."

선승이 다시 물었다.

"이미 집안의 어버이라면 어째서 뒤집어 집의 도적이 되었습니까?"

보복 선사가 대답하였다.

"안에 이미 응한다는 것이 없어서 밖으로도 한다는 것이 없느니라."

선승이 다시 물었다.

"갑자기 잡아 부수면 공은 어디로 돌아갑니까?"

보복 선사가 대답하였다.

"상(賞) 역시 일찍이 들어본 적도 없느니라."

선승이 다시 물었다.

"그러면 애써도 공이 없겠습니다."

보복 선사가 말하였다.

"공은 없지 않으나 이룰 곳도 없느니라."

선승이 다시 물었다.

"이미 공을 이루었다면 어째서 곳이 없습니까?"

보복 선사가 대답하였다.

"듣지 못했는가? 태평은 본래 장군이 이룩하나 장군이 태평을 보지는 못하느니라."

保福因僧問 家貧遭劫時如何 師云 不能盡底去 僧云 爲什麼不能盡底去 師云 賊是家親 僧云 旣是家親 爲什麼翻成家賊 師云 內旣無應外不能爲 僧云 忽然捉敗 功歸何所 師云 賞亦未曾聞 僧云 伊麼則勞而無功 師云 功則不無 成而不處 僧云 旣是成功 爲什麼不處 師云 不見道 大平 本是將軍致 不許將軍見大平

ꩰ 운문고 선사가 이 칙을 들고 말하였다.

실이 오고 줄이 가듯 혼을 놀리기만 하는구나.

雲門杲 擧此話云 絲來線去弄精魂

 대원 문재현은 이 칙을 모두 들고나서 이르노라.

무릇 작가는 그릇을 따라 응한다고는 하지만 너무나 구구하였구나. "집이 가난한데 도적을 맞을 때가 어떠합니까?" 하면 "큰 웃음으로 가득하니라."라고만 하면 될 것을….

1246칙 주인을 가려내다

 본 칙

여주 풍혈 연소 선사가 남원[30] 선사에게 물었다.

"문에 들면 주인을 가려내야 하나니, 분명하게 스님께서 가려주시기를 청합니다."

남원 선사가 왼손으로 무릎을 한 번 치자 연소 선사가 할을 했다.

남원 선사가 다시 오른손으로 무릎을 한 번 치자 연소 선사가 또 할을 하였다.

이에 남원 선사가 왼손을 들고 말하였다.

"이것은 그대 마음대로거니와…."

이어 다시 오른손을 들고 말하였다.

"이것은 어찌하겠는가?"

연소 선사가 말하였다.

"소경이군요."

이에 남원 선사가 주장자를 들자 연소 선사가 말하였다.

"무엇을 하시렵니까? 주장자를 빼앗아서 도리어 화상을 때리겠으

---

30) 남원 : 수산(首山) 성념(省念)의 별호.

니 이르지 못했다고 하지 마십시오."

남원 선사가 주장자를 던지고 말하였다.

"오늘 내가 이 얼굴 누런 절강성 둔치한테 한 번 당했구나."

이에 연소 선사가 말하였다.

"마치 발우만 가지고 밥을 얻지도 못했으면서 거짓으로 배부르다 하는 것 같군요."

남원 선사가 말하였다.

"상좌는 일찍이 여기에 이르르지 않았던가?"

연소 선사가 말하였다.

"그게 무슨 말씀이십니까?"

남원 선사가 말하였다.

"썩 좋은 물음이다만."

연소 선사가 말하였다.

"그래도 놓칠 수는 없지요."

남원 선사가 말하였다.

"앉아서 차나 마시라."

汝州風穴延昭禪師 問南院 入門 須辨主 端的請師分 院 以左手 拍膝一下 師便喝 院 以右手 拍膝一下 師又喝 院 擧左手云 這介 且從闍梨 復擧右手云這介 作麽生 師云 瞎 院 拈起柱杖 師云 作什麽 奪柱杖 却打和尙去 莫言不道 院 擲下柱杖云 今日 被這黃面浙子鈍置

一上 師云 大似持鉢不得 詐道不飢 院云 上座 莫曾到此間麽 師云 是何言歟 院云 好好相借問 師云 也不得放過 院云 且坐喫茶

ⓒ 송원 선사가 상당하여 이 칙을 들고 말하였다.

애!

매우 괴상하구나. 하나는 덜 된 빗자루요, 하나는 부서진 쓰레받기이니, 쓰레기 더미에서 쓸 수는 있었으나 종문의 가풍을 둔하게 만드는 꼴은 면치 못했다. 만일 바른 법령에 의해 시행한다면 모두 하나가 모자란다.

松源 上堂擧此話云 嗄 也甚奇怪 一介 生笤箒 一介破糞箕 搕㨶堆頭 也用得着 未免鈍置門風 若據正令而行 總欠一着在

 대원 문재현은 이 칙을 모두 들고나서 이르노라.

남원 선사처럼 이렇게 속속들이 점검하는 것도 눈 밝은 종사가 아니고서는 할 수 없는 일이긴 하지만 "문에 들면 주인을 가려내야 하나니, 분명하게 스님께서 가려주시기를 청합니다." 했을 때 "설사 그대 말대로 문에 들었다는 말을 수용해준다 하더라도 그렇다면 그 다음 말들이 어떻게 있는가?"라는 말과 동시에 한 방망이 내렸어야 했다.

험.

1247칙 조사의 심인

 본 칙

풍혈 선사가 영주 관내에서 상당하여 말하였다.

"조사의 심인은 무쇠소의 기틀과 같아서, 간다 해도 도장〔印〕에 있음이요, 도장에 있다 해도 도장이 부서짐이다. 감도 없고 도장에 있음도 없으면 도장이 찍혔다 해야 옳겠는가, 도장이 찍히지 않았다 해야 옳겠는가?"

이때 노피라는 장로가 있다가 나서서 물었다.

"나에게 무쇠소의 기틀이 있으니 청하건대 스님께서는 도장을 찍는다 하지 마십시오."

풍혈 선사가 말하였다.

"고래를 낚아서 큰 물결을 맑히는 데 익숙했는데, 도리어 모랫길을 무거운 짐을 메고 개구리걸음으로 걷고 있구나."

이에 노피가 우두커니 생각에 잠기자 풍혈 선사가 할을 하면서 말하였다.

"장로는 어째서 말을 하지 않는가?"

노피가 망설이자 풍혈 선사가 불자로 한 대 때리면서 말하였다.

"화두를 기억하고는 있는가? 들어보라〔擧〕."

이에 노피가 헤아려 입을 열려 하자 풍혈 선사가 또 불자로 한 대 때리니, 목주가 말하였다.

"불법이 왕법과 똑같군요."

풍혈 선사가 그에게 물었다.

"무슨 도리를 보았는가?"

목주가 말하였다.

"끊을 자리에서 끊지 않으면 도리어 난리를 불러들입니다."

풍혈 선사가 곧장 자리에서 내려왔다.

風穴 在郢州衙內 上堂云 祖師心印 狀似鐵牛之機 去則印住 住則印破 只如不去不住 印則是 不印則是 時有盧陂長老 出問云 某甲 有鐵牛之機 請師不搭印 師云 慣釣鯨鯢澄巨浸 却嗟蛙步驟泥沙 陂佇思 師喝云 長老 何不進語 陂擬議 師便打一拂子云 還記得話頭麼 試擧看 陂擬開口 師又打一拂子 牧主云 佛法與王法 一般 師云 見介什麼 牧主云 當斷不斷 返招其亂 師便下座

☁ 설두현 선사 송

노피를 사로잡아 무쇠소에 걸터앉히려 함이니
삼현의 무기를 선불리 상대하지 말지어다
초왕의 성(城) 가의 바다로 흘러가던 물이
할하여 영 내리니 거꾸로 흐른다

雪竇顯 頌
擒得盧陂跨鐵牛
三玄戈甲未輕酬
楚王城畔朝宗水
喝下曾令却倒流

ꩰ 천동각 선사 송

무쇠소의 기틀이거늘
도장에 있고 도장이 부서진다고?
비로자나의 정수리를 뚫고 나와 다니다가
돌아와 화신불의 혀끝에 앉아 있다
풍혈은 맞이하여 저울질을 하였고
노피는 등에 짐을 지고 떨어졌다
방망이와 할이여
전광석화로세
역력하고 분명히 구슬이 소반에 있거늘
눈썹을 곤두세우거나 눈만 깜박여도 벌써 어긋났네

天童覺 頌
鐵牛之機　　　印住印破
透出毗盧頂顊行　却來化佛舌頭坐
風穴當衡　　　盧陂負墮
棒頭喝下　　　電光石火
歷歷分明珠在盤　眨起眉毛還蹉過

∽ 보녕용 선사 송

칼끝처럼 우뚝 서 있는 무쇠소의 기틀이여
자유자재 종횡으로 보배칼 휘둘러서
한 패거리의 도적떼를 모두 쳐부수고는
개선가 함께 부르면서 돌아오는 태평일세

保寧勇 頌
鋒頭壁立鐵牛機
十字縱橫寶劒揮
一陣賊軍俱紛碎
凱歌齊和大平歸

ꕤ 장산근 선사 송

역대 성인의 가풍과 법규로써
애당초 놓아주지 않았구려
무쇠소에 걸터 앉으려 헤아리니
쏜살같이 시작부터 도장을 부숴버렸네
노피가 끊을 자리에서 도리어 읊으려다가 막히니
전광석화처럼 함에 산 채로 잡혔구나
할 소리로 꿰뚫어 찌르기 우레 같아서
삼현(三玄)의 무기가 총림을 뒤흔드네

蔣山勤 頌
列聖風規
初不放過
擬跨鐵牛
驀頭印破
盧陂當斷却沉吟
電轉星飛活被擒
喝下攙撑同霹靂
三玄戈甲振叢林

ꩡ 개선섬 선사가 상당하여 이 칙을 들고 말하였다.

작가인 종사가 하는 말이라 특별히 다르다. 권세가 손아귀에 있으니 흙을 쥐어 금을 만드는구나.

대중들이여, "간다 해도 도장에 있음이다."라고 하니, 가기는 어디로 간다 하는가. 쇠머리를 눌러서 풀을 먹이려 함일세.

또 "도장에 있다 해도 도장이 부서짐이다."라고 하니, 거기에는 그대들이 발을 붙일 곳이 없다. 무슨 까닭인가?

당시 발밑에 얽어맸을지라도 역시 두 머리, 세 머리니라.

또 "감도 없고 도장에 있음도 없다."라고 하니, 도장은 써서 무엇하리오. 30년 뒤에 저울눈금을 잘못 알지 말라.

開先暹 上堂擧此話云 作家宗師 發言 殊特 權柄 在手 握土爲金 大衆 去卽印住 擬甚處去 且按牛頭喫草 復云 住卽印破 者裏無你措足處 何故 當時脚下搆得 亦是二頭三首 復云 不去不住 用印奚爲 三十年後 莫錯認定盤星

☁ 취암기 선사가 상당하여 이 칙에서 "도장에 있다 해도 도장이 부숴짐이다." 한 것까지 들고 말하였다.

그러나 옛사람이 한 때 이같이 말한 것은 겨우 하나만을 알고 둘은 알지 못한 것이다. 무슨 까닭이겠는가? 가고 옴이 있고, 움직임과 조용함이 있는 것에는 이와 같은 도장이 그대를 따르겠지만 가고 옴도 없고 시끄러움과 조용함도 없으면 무슨 도장을 찍겠는가? 아는 이가 있는가? 만일 알 수 있다면 건곤과 대지와 유정과 무정을 한 번에 도장 찍어 정하여 다시는 털끝만큼의 샘도 없겠지만, 만일 모르겠다면 좋은 일 하는 줄만 알고 앞날은 묻지 말아라.

翠嵓機 上堂擧此話至 住卽印破 師云 然而古人一期與麽道也 只知其一 不知其二 何故 有去有來 有動有靜底 從你恁麽印 只如無去無來 無動無靜底 作麽生印得 還有人 知得麽 若也知得 盡乾坤大地 有情無情 一印印定 更無絲毫而透漏 若也不知 但知行好事 不要問前程

ᨐ 상방익 선사가 상당하여 이 칙에서 "도장에 있다 해도 도장이 부서짐이다." 한 것까지 들고 말하였다.

법운이 오늘 백장산 앞에 이르러 곧바로 나아가려 해도 길이 없고, 뒤로 물러서려 해도 문이 없다. 비로소 온 누리의 사람이 해인에서 벗어날 수 없음을 알겠노라.

그러나 감히 여러분께 묻노니, 하사(下士)는 도장을 진흙에 찍는 것 같고, 중사(中士)는 도장을 물에 찍는 것 같고, 상사(上士)는 도장을 허공에 찍는 것 같다 하거니와 전혀 그렇게 하지도 않을 때엔 또 무슨 도장을 찍으려는가?

(잠잠히 있다가 원상을 하나 그리고)

알겠는가?

(대중이 말이 없자 두 손으로 등 뒤에다 집어던지는 시늉을 하고)

범의 수염을 잡아 흔드는 것은 오히려 스스로 할 수 있거니와, 뱀의 꼬리를 거꾸로 집어들 줄을 누가 알수 있을꼬?

돌!

上方益 上堂擧此話至 住卽印破 師云 法雲 今日 到百丈山前 直得進身無路 退步無門 始知盡大地人 出海印不得 然雖如是 敢問諸人 下士 如印印泥 中士 如印印水 上士 如印印空 只如摠不恁麽來 又印

介什麽 良久 畫一圓相云 會麽 衆 無語 師以兩手 拈放背後云 順捋虎鬚 猶自可 倒拈蝎尾 有誰知 咄

ᯅ 불감근 선사가 상당하여 말하였다.

조사의 심인이 무쇠소의 기틀과 같다. 간다 해도 도장에 있음이요, 도장에 있다 해도 도장이 부서짐이며, 설사 감도 없고 도장에 있음도 없다고 해도 역시 납자의 행리할 곳이 아니다.

어찌해야 납자가 행리할 곳인가? 시월 달 전후하여 여러분께 설파해 주리라.

(과연 시월초 8일에 선사는 열반에 들었다.)

佛鑑勤 上堂云 祖師心印 狀似鐵牛之機 去則印住 住則印破 直饒不去不住 亦未是衲僧行履處 且作麽生是衲僧行履處 待十月前後 奉爲諸人注破 師果於十月初八日 圓寂

ᗣ 장산근 선사가 이 칙을 들고 말하였다.

풍혈은 삼현의 무기를 익혀, 네 가지 종류의 손과 주인을 베풀며, 믿음의 깃발을 분명히 세우고, 적의 진영을 비밀히 무찌르더니, 노피에 이르러서는 무쇠소에 걸터앉자마자 당장에 사로잡아 내리고, 도리어 목주로 하여금 돌아갈 곳을 알게 하였으니, 이른바 용이 뛰고, 범이 달리고, 난새가 날아오른다 하리라.

그러나 숭녕이라면 그가 "무쇠소의 기틀이 있습니다." 하자마자 등줄기를 후려갈겼으리니 살인검 활인검의 낙처를 알겠는가?

봉(鳳)!

蔣山勤 拈 風穴 串三玄戈甲 施四種主賓 明立信旗 密排陣敵 及至盧陂 纔跨鐵牛 劃時擒下 遂令牧主 知歸 所謂龍馳虎驟 翥鸞翔 雖然若是崇寧 待伊道有鐵牛之機 劈脊便棒 殺人刀活人釼 還知落處麽 鳳

ꩰ 백운병 선사가 이 칙을 들고 말하였다.

어둠 속에서 자유자재 뼈를 뽑고, 밝음 가운데 혀끝에 앉아 있다. 만일 완전한 칼날로 적을 이기는 이가 아니면 그 어찌 공이 높아 말〔馬〕에서 땀나는 것을 볼 수 있었으리오. 알겠는가?

금활촉이 일찍이 결승에 길들여져 익숙하고, 무쇠채찍이 힘이 많으니 대적할 이가 없어 한이로다.

白雲昺 拈 暗裏 抽橫骨 明中 坐舌頭 若非全鋒敵勝 爭見得功高汗馬 還會麽 金鏃 慣調曾決勝 鐵鞭 多力恨無讎

ഌ 심문분 선사가 이 칙을 들고 말하였다.

이 속에서 벗어나 문채가 나기 전의 소식까지 모두 까딱하지 않고 끊어버리면 티끌티끌마다 본래의 사람을 보겠지만, 만일 그렇지 못하다면 도리어 치마 옷자락을 들어서 흙탕물에 젖지 않게 하라.

心聞賁 擧此話云 這裏 脫得去 文彩生前 都坐斷 塵塵中 見本來人 其或不然 却須撩起裙裾 莫使沾泥惹水

ꩡ 묘지곽 선사가 상당하여 이 칙을 들고 말하였다.

이 두 존숙이 이렇게 문답을 하기는 했으나 몸을 빼낼 길이 없었으니, 어찌하랴? 갑자기 어떤 사람이 육왕에게 "간다 해도 도장에 있음이요, 도장에 있다 해도 도장이 부서짐이다."라고 하고 "감도 없고 도장에 있음도 없을 때 도장이 찍혔다 해야 옳겠는가, 도장이 찍히지 않았다 해야 옳겠는가?" 하면 즉시 그에게 "백 겹, 천 겹을 모두 벗어 없애버리고, 불전을 거꾸로 타고 삼문 밖을 나간다." 하리라.

妙智廓 上堂擧此話云 二大老 恁麼酬對 爭奈未有出身之路 忽有人問育王 去卽印住 住卽印破 只如不去不住 印 卽是 不印 卽是 却向他道 百匝千重 俱剔脫 倒騎佛殿出三門

 대원 문재현은 이 칙을 모두 들고나서 이르노라.

간다느니, 도장에 있다느니, 또 감도 없고 도장에 있음도 없다느니, 도장이 찍혔느니 찍히지 않았느니 했는데 어느 곳을 향해 가며 도장에 있다 하는데 도장이 있는 곳은 어디던고?

비록 본연의 청정한 경지를 점검하는 데에 공교로운 방편이라지만 마치 물에 빠진 사람을 구하려다 스스로가 물에 빠져 허우적거리는 꼴을 면치 못했으니 어쩌랴.

험.

구름 학은 물속에서 알 낳고
그림자 코뿔소 밤길 가는데
빛사자는 기린을 쫓고 있네

1248칙 이미(離微)

 본 칙

풍혈 선사에게 어떤 선승이 물었다.

"말하거나 잠잠하면 이미(離微)[31]에 걸리나니, 어찌해야 두루 통하여 범하지 않으리까?"

풍혈 선사가 대답하였다.

"항상 강남의 3월을 생각하니, 자고새 우는 곳에 백 가지 꽃향기니라."

風穴 因僧問 語默涉離微 如何通不犯 師云 常憶江南三月裏 鷓鴣啼處 百花香

31) 이미(離微) : 법성의 체가 모든 상을 여의고 적멸하여 남음이 없는 것이 이(離)요, 법성의 용이 미묘 불가사의함을 미(微)라 한다.

☁ 해인신 선사 송

자고새 우는 곳에 백 가지 꽃 향기여
손뼉치고 껄껄대며 한바탕 웃노라
옛날에 다니며 지냈던 곳 생각하나니
구름 안개 낀 마을의 사람을 보내고 석양에 서 있노라

海印信 頌
鷓鴣啼處百花香
撫掌呵呵笑一場
因憶昔年遊歷所
送人雲塢立斜陽

☁ 운문고 선사 송

홀연히 문을 나서면 먼저 길을 보고
겨우 발을 씻자 곧장 배에 오른다
신선의 비결 참으로 아끼나니
부자(父子)가 친하여도 전할 수는 없다네

雲門杲 頌
忽尒出門先見路
纔方洗脚便登船
神仙秘訣眞堪惜
父子雖親不敢傳

◌ 죽암규 선사 송

준마를 쾌히 타고 높은 누각 오르니
남·북·동·서에 자유로세
가장 좋기는 허리에 십만 관을 차고
다시 학을 타고 양주에 내림일세

竹庵珪 頌
快騎駿馬上高樓
南北東西得自由
最好腰纏十萬貫
更來騎鶴下楊州

☁ 심문분 선사 송

구름 높이 쌓인 가운데 예쁜 기생을 데리고
고목 바위 앞에서 아름다운 노래를 부르노라
봄바람이 어지럽게 흔들고 돌아간 뒤에
원숭이나 새들이 스스로 의심하네

心聞賁 頌
亂雲堆裏携佳妓
枯木嵓前唱艶詞
攪動春風歸去後
從敎猿鳥自相疑

☁ 송원 선사 송

백 가지 꽃 향기로운 곳에 자고새 운다 함이여
백 년 인생에 칠십을 사는 이가 적다
돌이켜 세간의 온갖 일을 생각하니
편의에 떨어졌다는 것이 편의를 얻은 것이었네

松源 頌
百花香處鷓鴣啼
百歲光陰七十稀
飜憶世間多少事
落便宜是得便宜

ᢁ 설두현 선사가 이 칙을 들고 말하였다.

일찍이 어떤 사람이 설두에게 묻자 그에게 "배를 가르고 심장을 도려내는 일은 또 어찌하겠는가?" 하였노라.

바람으로 해서 불붙듯 함이여, 특별한 한 집안일세. 살리고 죽이는 것에 반드시 응하는 주체가 있느니라.

雪竇顯 拈 曾有人 問雪竇 對他道 劈腹剜心 又且如何 復云 因風吹火 別是一家 傷鼈恕龜 必應有主

㉹ 대위수 선사가 이 칙을 들고 말하였다.

강남의 아름다운 경치여! 진실로 이 같음에 일치함이거늘 천 년 관광에 사람의 마음 어지러움만 더하누나.

만일 이와 같지 않으면, 내년에도 다시 새 가지 돋아 봄바람에 어지럽게 쉬지 못하리라.

大潙秀 拈 江南佳景 誠合如之 千載觀光 添人性懆 倘或[32]不尒 來年 更有新條在 惱亂春風卒未休

32) 원문의 첨인성조(添人性懆)의 '懆'자와 당혹불이(倘或不尒)의 '倘或'은 중국의 원문을 찾아 뜻에 맞게끔 고쳐넣은 것이다.

◌ 고목성 선사가 상당하여 이 칙을 들고 말하였다.

여러분은 진실하게 깨달았는가? 만일 진실하게 깨달았다면 석가노인이 49년 동안 횡설수설했으나 한 글자도 말한 것이 없고, 달마조사가 소림에서 9년 동안 앉았으나 소리가 시방세계에 진동한 것을 곧바로 알리라.

(잠잠히 있다가)

알겠는가? 무심으로 이르는 이라야 비로소 이러하거니와, 무심을 얻지 못하는 것이야말로 또한 매우 어려우니라.

枯木成 上堂擧此話云 諸人 還體悉得麽 若也體悉得去 便見釋迦老兒四十九年橫說竪說 未曾道着一字 達磨祖師小室九年 聲震十方 良久云 還會麽 無心道者方如此 未得無心也大難

ꕤ 천동각 선사가 이 칙을 들고, 이어 설두 선사가 "배를 가르고 심장을 도려낸다." 한 것을 들고 말하였다.

두렷이 적나라하게 드러나서 꿰맨 구석이 전혀 없다. 말해보라. 풍혈의 꿰맨 구석 전혀 없음이 어찌 설두의 꿰맨 구석 전혀 없음과 같을꼬. 알겠는가?

광명을 비춤으로 일을 이끌고, 진실하게 닦음으로 가풍을 이루느니라.

天童覺 擧此話 連擧雪竇云 劈腹剜心 師云 露裸裸圓陀陀 直是無稜縫 且道 風穴無稜縫 何似雪竇無稜縫 還會麽 和光惹事 刮篤成家

☁ 천동각 선사의 문답

소참 때에 어떤 선승이 물었다.

"듣건대 어떤 선승이 풍혈 선사에게 '말하거나 잠잠하면 이미(離微)에 걸린다.' 한 것으로부터 '백 가지 꽃향기니라.' 하기에 이르렀으니, 그곳이 어디입니까?"

천동각 선사가 대답하였다.

"뭇 군상을 초월했고, 이름과 말을 벗어났느니라."

선승이 다시 말하였다.

"드러났습니다. 드러났습니다."

천동각 선사가 말하였다.

"무슨 도리를 보았기에 그렇게 말하는가?"

선승이 말하였다.

"참된 마음이 낱낱이요, 낱낱이 참된 마음임을 어찌하겠습니까?"

천동각 선사가 말하였다.

"언어가 끊긴 곳은 원래 과거 · 미래 · 현재가 아니니라."

이에 선승이 다시 물었다.

"설두 선사가 '배를 가르고 심장을 도려낸다.' 했는데 그 뜻이 무엇입니까?"

천동각 선사가 대답하였다.

"그대가 뜻을 붙이거나 풀이할 곳이 아니니라."

선승이 다시 물었다.

"화상께서 '광명으로 비추어 일을 이끌고 진실하게 닦음으로 가풍을 이룬다.' 하신 것은 또 무슨 뜻입니까?"

천동각 선사가 대답하였다.

"그대가 사유하면서도 끊어야 할 남의 기량이나 짓고 있으니 걱정스럽구나."

선승이 다시 물었다.

"그렇다면 그 선승의 물음에도 곧 얻음이 있다 하겠습니까?"

천동각 선사가 대답하였다.

"비슷하기는 비슷해서 베낀 듯하지만 천만 리니라."

선승이 다시 물었다.

"갑자기 어떤 사람이 화상께 '말하거나 잠잠하면 이미(離微)에 걸리나니, 어찌해야 두루 통해서 범하지 않으리까?'라고 묻는다면 어찌하시겠습니까?"

천동각 선사가 대답하였다.

"옴 아로늑계사바하."

선승이 말하였다.

"믿어 받아지니고 받들어 행하오리다."

又小參 僧問 記得 僧問風穴 語默涉離微 至百花香 未審這裏 是什所在 師云 超群像出名言 僧云 露露 師云 見介什麼 便與麼道 僧云

爭奈赤心片片 片片赤心 師云 言語道斷處 元非過未今 僧云 雪竇道 劈腹剜心 此意如何 師云 要且無你着意解處 僧云 只如和尚道和光惹事 刮篤成家 又作麼生 師云 怕你入思惟 斷人作伎倆 僧云 還當得者僧問處也無 師云 似則便相似 依俙千萬里 僧云 忽若有人 問和尚語默涉離微 如何通不犯 師云 唵阿盧勒繼娑訶 僧云 信受奉行去也

ꕤ 취암종 선사가 이 칙을 들고 말하였다.

풍혈 선사가 비록 법 조문에 의거해서 판결을 잘 내렸을지라도 다만 주고받는 이야기꺼리나 이루었도다.

그때에 그 선승의 물음이 끝나기 전에 곧장 등줄기를 때렸어야 될 것이다.

翠嵓宗 拈 風穴 雖善能據款結案 要且只成答話 當時 這僧 問未絶 劈脊便打

ↀ 불감근 선사가 상당하여 말하였다.

삼가 듣건대 당두 선사가 풍혈 선사의 인연을 들었다는데 사실인가? 그 선승이 풍혈 선사에게 물은 것으로부터 '백 가지 꽃향기니라.' 하기에 이르렀으니 풍혈 선사는 근래에 있어서 금상첨화였거니와, 산승은 다시 진흙탕 속에서 흙을 씻으려 하지는 않으리라.

다만 풍혈 선사가 이야기했을 때에 알아들은 자가 있었는가? 만일 그렇지 못하다면 다시 이야기를 하지 않을 수 없다. 풍혈 선사가 한 길을 가면 노승도 한 길을 가고, 풍혈 선사가 한 자를 가면 노승도 한 자를 가리라. 여러분은 어디서 풍혈 선사를 보려는가?

알고자 하는가? 채색 구름 그림자 속에서 선인이 나타나 손에 붉은 비단 부채를 들고 얼굴을 가린다. 응당 주의를 기울여 선인을 볼지언정 선인의 손 안의 붉은 부채만을 보려고 하지 말라.

佛鑑勤 上堂云 伏承堂頭禪師 擧似風穴因緣 是他僧 問風穴 至百花香 禪師 適來 已是錦上鋪花 山僧 不可更向泥中洗土 只如禪師擧處還有薦得底麽 其或未然 不免重重話會 禪師 行一丈 老僧 行一丈 禪師行一尺 老僧 行一尺 且如諸人 又向甚處見風穴 要知麽 彩雲影裏仙人現 手把紅羅扇遮面 應須着眼看仙人 莫觀仙人手中扇[33)]

---

33) 설봉본의 원문은 '막관수후홍라선(莫觀隨後紅羅扇)'이라 되어 있으나, 중국 여러 본의 원문을 참조하여 뜻에 맞도록 '막관선인수중선(莫觀仙人手中扇)'으로 수정하였다.

ᔕ 백운병 선사가 이 칙을 들고 말하였다.

풍혈 화상은 숲에 들어가도 풀을 건드리지 않았고, 물에 들어가도 파도를 일으키지 않았다. 눈동자 속에 수미산이 거꾸로 섰고, 꼬리의 털 위에 세계를 가로놓았다. 끝내 낙처가 어느 곳인가?
다만 노호는 아는 것만 허락하고, 알았다고 하는 것은 허락하지 않느니라.

白雲昺 拈 風穴和尙 入林不動草 入水不動波 眼睛裏 倒卓須彌 尾毛上 橫安世界 畢竟落在甚處 只許老胡知 不許老胡會

ꩲ 심문분 선사가 이 칙을 들고 말하였다.

만 번 달군 풀무 속에서 별똥 같은 불 한 점이 튀어나오니, 얼마나 많은 사람이 피할 길 없어서 얼굴을 꿰뚫렸던가.

心聞賁 拈 萬煆爐中 迸出火星一點 多少人 廻避不及 簉破面門

ꩰ 한암승 선사가 상당하여 이 칙을 들고 말하였다.

대중들이여, 못생긴 여자는 거울을 비추어 봐도 못 생긴 줄 모르고, 취한 사람은 욕을 하면서도 취한 줄 모른다. 풍혈 선사의 그런 대답을 지금 사람들이 모두가 자고새 우는 곳에 가서 알려고 할까 심히 두렵구나.

친절한 곳을 깨닫고자 하는가?

행한다는 것도 얻을 수 없어야만 뛰어나고 뛰어남이네.

寒嵓升 上堂擧此話云 大衆 醜婦照鏡不知醜 醉漢 罵人不知醉 風穴恁麽答話 切恐而今人 盡去鷓鴣啼處會了 要得親切麽 行不得也奇奇

☁ 개암붕 선사가 상당하여 이 칙을 들고 말하였다.

그 선승은 급박하게 물어 왔고, 풍혈 선사는 마음대로 대답했으니, 물에 바람이 부는 것과 같아서 자연히 파도를 이루었다 하리라. 여기서 깨달아 알면 모든 법의 흐름에 떠내려 가지 않고, 능히 격식과 종승을 초월하겠지만 그렇지 못하다면, 다시 한 게송을 들으라.

불법이란 짐을 벗어버리니
훨훨 날듯 거춰가 가벼웁네
모기와 등에가 바닷물을 삼키고
검은 암소가 창문을 지나누나

介庵朋 上堂擧此話云 這僧 編逼問將來 風穴 信意答將去 可謂如風吹水 自然成紋 於斯 會得 不爲諸法流注 便能越格超宗 其或未然 更聽一頌

放下佛法擔
軒知去就輕
蚊虻吞巨海
水牯過窗欞

ᔓ 밀암걸 선사가 이 칙을 들고 말하였다.

풍혈 노화상이 흰 밀가루를 밀기울에다 섞어내어 팔았구나. 후래 사람들로 하여금 공연히 백 가지 꽃이 향기로운 곳이란 도리를 지어, 무리를 이루고 떼를 지어 헛짓을 되풀이하게 했다.

경산은 그렇게 하지 않으리니 갑자기 누군가가 "말하거나 잠잠하면 이미(離微)에 걸리나니, 어찌해야 두루 통하여 범하지 않으리까?" 한다면 곧 그에게 "그때 가서 한 번 물어보라."라고만 답하리라.

密庵傑 擧此話云 風穴老和尙 將白麪 和麩殼糶了 引得後來人 徒向百花香處作道理 成群作隊 外邊打之遶 徑山 卽不然 忽有問 語嘿涉離微 如何通不犯 卽對他道 致將一問來

 대원 문재현은 이 칙을 모두 들고나서 이르노라.

당시에 이 사람이라면 질문이 채 끝나기도 전에 할을 했을 것이다.

1249칙 한 티끌

 본 칙

풍혈 선사가 수어[34]하였다.

"만일 한 티끌이 서면 나라는 번성하지만 나는 이맛살을 찌푸리고, 한 티끌도 서지 않으면 나라는 망하지만 나는 평안하다 하리니 이 뜻을 밝게 깨달으면 그대와 나뉠 수 없이 온전히 노승이며 여기에서 밝히지 못해도 노승에 즉한 그대니라. 그대와 노승은 천하 사람을 깨우치게 하기도 하고, 천하 사람을 미혹하게도 하니라.

그대를 알고 싶은가?"

왼쪽을 한 번 치고 말하였다.

"이 속의 곧 이것이니라."

이어 말하였다.

"노승을 알고 싶은가?"

오른쪽을 한 번 치고 말하였다.

"이 속의 곧 이것이니라."

---

34) 수어(垂語) : 문하의 제자들에게 내리는 말씀.

風穴垂語云 若立一塵 家國 興盛 野老顰蹙 不立一塵 家國 喪亡 野老安貼 於此 明得 闍梨無分 全是老僧 於此 不明 老僧 卽是闍梨 闍梨與老僧 亦能悟却天下人 亦能迷却天下人 要識闍梨麽 左邊 拍一拍云 者裏 卽是 要識老僧麽 右邊 拍一拍云 者裏 卽是

ꕤ 설두현 선사 송

야로의 가르침을 따라 눈쌀을 펴지 않고서라도
국가가 번창할 기반을 세우기를 꾀하노니
꾀있는 신하, 용맹한 장수 어디에 있는가
만 리에 가풍 청정함은 스스로만이 안다네

雪竇顯 頌
野老從敎不展眉
且圖家國立雄基
謀臣猛將今何在
萬里風淸只自知

ꕥ 천동각 선사 송

하얗게 강물이 드러나는데 낚싯줄을 드리움이
그 어찌 수양산에서 백이와 숙제가 청정하게 굶어죽음만 같으랴
다만 한 티끌의 변화하는 모양을 가려내는 데에만 있다네
높은 공명과 공훈 모두 잊기 어렵다네

天童覺 頌
皤然渭水起垂綸
何似首陽淸餓人
只在一塵分變態
高名勳業兩難泯

⌓ 지비자 선사 송

한 티끌이 세워짐이여
천연으로 이루어져 있는 태평이요
한 티끌도 세우지 않음이여
권세랄 것도 없는 한산한 지위라 보전하기 어려우랴
누가 흥함과 쇠퇴함을 물으면
무심한 야로가
울기도 하고 노래도 하리니
전도되는 이 얼마나 될꼬…

知非子 頌
一塵有立
大平天造
一塵不立
散地難保
誰問興衰
無心野老
或泣或歌
顚倒多少

ᯅ 열재 거사 송

두 번 침이 한 집이나
다시 좌를 우를 친 것 용인지 뱀인지 가려내야 하네
합할 때에 남쪽 포구 바위가 곧고
여윈 뒤에 서쪽 동산에 달 그림자 기울었네

悅齋居士 頌
兩拍雖然是一家
更須左右辨龍蛇
合時南浦雲根直
離後西園月影斜

☁ 운문언 선사가 이 칙을 들고 말하였다.

이 속에선 곧 쉽거니와 저 속에선 곧 어려우니라.

雲門偃 拈 這裏 卽易 那裏 卽難

⌓ 설두현 선사가 이 칙을 들고, 이어 주장자를 집어 들고 말하였다.

같이 죽고 같이 살려는 납자가 있는가?

雪竇顯 擧此話 拈柱杖云 還有同生同死底衲僧麽

⊂⊃ 낭야각 선사가 이 칙을 들고 말하였다.

표주박을 잡고 빈 소리를 듣는다.

琅琊覺 拈 杓卜聽虛聲

ᔓ 천동각 선사가 상당하여 이 칙을 들고 말하였다.

한 티끌이 선다 함을 어떻게 수용하는가? 어째서 풍월은 이마를 찡그린다 했는가? 한 티끌도 서지 않는다 함을 어떻게 수용하는가? 어째서 풍혈은 노래를 한다 했는가?

또 그 가운데를 향해 주를 내어 가리켜 보일 것이니, 몇이나 기뻐 노래하고 몇이나 이마를 찡그리고 근심할 것인가?

풍혈의 두 눈썹 끝을 보아야 하리라.

가풍이 평온하여 거울같이 맑음이여,

물은 마르고 산은 비어 있는 한 모습의 가을이로다.

변화의 이치에 두루 통한 수단이여, 몸과 마음이 자유롭구나. 바람과 파도와 눈에 휩싸인 섬도 겁내지 않으니, 바다 위의 삼산(三山)을 한 번 당겨 무너뜨림에 여섯 자라가 연달아 금낚시에 걸려오른다.[35]

선덕들아, 모름지기 이러한 체요, 이러한 용이니 어떻게 알꼬?

화악은 하늘에 잇대어 드높고, 황하는 바닥을 구르면서 흐른다.

天童覺 上堂擧此話云 立一塵 作麽生受用 爲什麽 野老顰蹙 不立一

---

35) 열자에 나오는 우화. 섬을 떠받치고 있는 자라 여섯 마리를 용백국의 대인이 한 낚시에 모두 낚았다는 일화가 있다.

麼作麽生受用 爲什麽 野老謳歌 又向其間 指注去也 幾許歡心幾許愁 好看野老兩眉頭 家風平貼淸如鏡 水瘦山空一樣秋 手段通變 身心自由 不怕風濤雪擁洲 海上三山 頹一掣 六鼇連落上金鉤 諸禪德 是須恁麽體 是須恁麽用 且作麽生委悉 華岳 連天秀 黃河 輥底流

☁ 영원청 선사가 상당하여 이 칙을 들고 말하였다.

풍혈의 한 때 사람을 위함이 시종 볼 만하나, 기틀을 맞아 요긴함을 드러내 보임은 곧바로 끊어 사사로움이 없어야 한다. 알겠는가?
(잠잠히 있다가)
늙은 장수가 공(功)과 상(賞)의 지위에도 거하지 않으니, 사방 어디에도 나라가 태평한 것을 사례할 곳마저 없느니라.

靈源淸 上堂擧此話云 風穴 一期爲人 終始可觀 當機呈要 直截無私 還會麽 良久云 老將 不居功賞地 八紘無處謝昇平

☁ 해회연 선사가 상당하여 이 칙을 들고 말하였다.

대평은 그렇게 하지 않으리니, 만일 한 티끌을 세우면 법당 앞에 풀이 한 길이나 깊고, 한 티끌도 세우지 않으면 비단 위에 꽃을 편다 하리라.

무슨 까닭인가? 듣지 못했는가?

구구는 팔십일이니라.

가난한 놈이 죄를 받아 마치고, 다리를 펴고 잠을 자려고 하자 모기·구더기·개와 벼룩이 덤비누나.

海會演 上堂擧此話云 大平 卽不然 若立一塵 法堂前 草深一丈 不立一塵 錦上鋪花 何也 不見道 九九八十一 窮漢 受罪畢 才擬展脚眠 蚊蟲狗蚤出

ꕤ 송원 선사가 상당하여 이 칙에서 "이 속의 곧 이것이니라." 한 것까지에 이어 응암 사조가 이 칙을 들고 "대단하다는 풍혈이 전신구(轉身句)를 몰랐구나."라고 한 것까지 들고 말하였다.

천복의 견해는 그렇지 않다. 대단하다는 풍혈 선사에게 신 기운이 아직도 남았구나. 무슨 까닭인가?

시작할 때에는 여러 악기가 일제히 울리듯 하다가, 이어지면서 어우러지고, 밝게 이어져, 잇달아 끝이 없이 이루어져야 하기 때문이다.[36]

악!

松源 上堂擧此話 至這裏是應庵師祖拈云 大小風穴 不會轉身句 師云 薦福見處 又且不然 大小風穴 酢氣猶在 何故 始作 翕如也 縱之 純如也 皦如也 繹如也以成 喝一喝

36) '논어'에서 공자가 음악의 도리에 대해 말한 것이다.

ꕤ 공수 화상이 지사와 두수를 유임시키고[37] 상당하여 이 칙을 들고, 이어 설두 선사의 송을 들고 말하였다.

심히 묘하구나! 설두 선사가 아니었더라면 감히 이렇게 손을 놓고, 발을 놓지 못했으리라. 그러나 보수가 만약 그때 보았더라면 다만 그에게 머리를 움츠려 보이고 갔으리라. 꾀있는 신하와 용맹한 장수를 보려는가?

취모도 원래 움직인 적 없건만 차디찬 해골이 온세계에 가득하구나.

空叟和尙 留知事頭首 上堂擧此話 連擧雪竇頌 師云 妙甚 若不是雪竇 不敢如此放手放脚 雖然 保壽當時 若見 只向他道 縮頭去 要見謀臣猛將麼 吹毛 元不動 徧界 髑髏寒

---

37) 지사와 두수는 선원의 직책이다. 이 직책을 맡고 있던 사람들을 교체하지 않고 재임명한 것을 말한다.

 대원 문재현은 이 칙을 모두 듣고나서 이르노라.

공교로운 표현으로 잘 일렀다 하겠으나 어쩌랴. 방망이 30대로는 부족함을…. 어째서인가?

모두가 화약마가 불 속에서
대자유를 누리는 본연이라

앉으면 성성적적 삼매요
섰다 하면 낙원인 이 삶을

화단의 꽃마저도 저리 웃어
모두 다 누설하고 있잖은가

1250칙 장림산 밑의 대나무 채찍

 본 칙

풍혈 선사에게 어떤 선승이 물었다.
"어떤 것이 부처입니까?"
풍혈 선사가 대답하였다.
"장림산 밑의 대나무 채찍이니라."

風穴 因僧問 如何是佛 師云 杖林山下竹筋[38]鞭

---

38) 원문의 죽근(竹筋)은 대나무를 한데 묶어놓은 것을 말한다. 흙에 철근 대신 이 죽근을 넣어 집을 짓는 데 썼다고 한다.

☙ 해인신 선사 송

장림산 밑의 대나무 채찍이라 함이여
남북으로 왔다갔다 하는 이들 천만일세
부럽구나! 온통인 방의 일 없는 손이
구름 깊은 곳에 누워서 천자를 찾아뵐 것도 없다네

海印信 頌
杖林山下竹筋鞭
南北行人萬萬千
堪羡一堂無事客
臥雲深處不朝天

ⓒ 취암열 선사 송

장림산 밑의 대나무 채찍이라 함이여
머리와 꼬리까지 잡아온다 해도 마찬가지일세
현사가 영에서 나오지 않은 일, 이상히 여기지 말라
그는 원래 낚싯배에 있었느니라

翠嵓悅 頌
杖林山下竹筋鞭
頭尾拈來惣一般
莫怪玄沙不出嶺
他家元住釣魚船

ꩰ 도오진 선사 송

장림산 밑의 대나무 채찍이라 함이여
새끼로 묶고 고리로 걸어 불 속으로 끌어당김일세
가까이 끌어당겼다지만 밀어낼 뒤가 없고
돌이켰다 하지만 도리어 그대 앞이로세

道吾眞 頌
杖林山下竹筋鞭
搭索拏鉤火裏牽
拽近不能推放後
回旋却到使君前

◌ 자수첩 선사 송

장림산 밑에서 부처님을 찾음이여
비 내리고 꽃 피어 나무마다 붉도다
머리 위에 있는 별은 모두가 북극성을 중심으로 돌고
낯앞에 흐르는 물은 동으로 흘러들지 않는 것 없다네

資壽捷 頌
杖林山下覔金容
雨滴花開滿樹紅
頭上有星皆拱北
面前無水不朝東

ꕤ 진정문 선사 송

장림산 밑의 대나무 채찍이라 함이여
물은 깊은 계곡에 있고, 달은 하늘에 있네
양마는 어느 곳으로 갔는지 알 수 없는데
아난은 여전히 세존 앞일세

眞淨文 頌
杖林山下竹根鞭
水在深溪月在天
良馬不知何處去
阿難依舊世尊前

☁ 상방익 선사 송

장림산 밑의 대나무 채찍이여
집어내보니 찬 바위에 아직도 연기가 있네
일찍이 힘을 얻은 것이 끊어진 다리를 지날 때엔 도움이 되더니
지금은 반 푼어치도 못 되네

上方益 頌
杖林山下竹根鞭
拈出寒嵓尙帶煙
扶過斷橋曾得力
而今不直半分錢

⚭ 불감근 선사 송

장림산 밑의 대나무 채찍이여
바람과 서리 오래 겪어 마디가 절로 굳었네
만일 이 천리마[39]라면 채찍 그림자만 보아도
고개 들고 천 리를 곧장 뛰어 넘으리

佛鑑勤 頌
杖林山下竹筋鞭
久歷風霜節自堅
若是驎騮纔見影
擧頭千里便超然

---

39) 원문의 린(驎)은 기린 같은 말, 천리마를 말하고, 류(騮)는 꼬리가 검고 온몸이 붉은 말로 적토마와 같은 명마를 말한다.

 대원 문재현은 이 칙을 모두 들고나서 이르노라.

그 선승이 지금 내게 “어떤 것이 부처입니까?” 한다면, “부처로 부처를 묻는 이에게는 언제나 ‘발 밑에는 땅이고 머리 위엔 하늘일세.’라고 한다.” 했으리라.

1251칙 금빛 모래 개울가의 마씨의 부인

 본 칙

풍혈 선사에게 어떤 선승이 물었다.

"어떤 것이 부처입니까?"

풍혈 선사가 대답하였다.

"금빛 모래 개울가의 마씨의 부인이니라."[40]

風穴 因僧問 如何是佛 師云 金沙灘頭 馬郎婦

---

40) 법화경현응록(法華經顯應錄)에 있는 일화이다. 대당에 불교가 융성했을 때 섬우지방은 말타기와 활쏘기만 숭상하고 불법을 몰랐다. 그때, 어느 미모의 여인이 섬우지방으로 가서 시집을 가고자 하는데 재물은 좋아하지 않고 총명하고 어질며 불경을 읽을 줄 아는 분을 원한다고 하였다. 처음에는 관세음보살보문품을 다 외우는 이와 혼인하겠다고 약속하여 많은 이들이 모였고, 다음에는 금강반야경, 마지막에는 법화경을 차례로 읽고 외우게 하니 법화경을 다 외운 사람은 단 한 사람, 마씨네 아들이었다. 혼인날을 잡아놓고 여인이 죽어버리니 며칠 뒤 스님이 와서 묘를 헤쳤다. 시신이 없어지고 금빛 해골만 있으니 스님이 이를 석장에 꿰고 "이 성자는 그대들에게 불법을 전하기 위해 교화의 몸을 나툰 것이다."라고 말하고 하늘로 솟아 올라갔다. 대중들이 이에 슬퍼하고 우러러 절하였으니, 이후로 이 지방에 부처님을 받들고 경을 읽는 일이 일어났다고 한다.

ꩰ 부산원 선사 송

만나면 모두가 산으로 돌아가겠다 하나
숲 속에서 일찍이 어떤 한 사람이라도 봤던가?
고개 돌려 남을 향해 북두를 보게나
금빛 닭이 오경의 봄을 알리네

浮山遠 頌
相逢盡道歸山去
林下何曾見一人
回首面南觀北斗
金雞早報五更春

ꩲ 천복일 선사 송

금빛 모래 개울가의 마씨의 부인이라 함이여
종사가 기틀에 임해 한마디로 깨닫게 함일세
화살이 붉은 해 그림자를 뚫었다 함 우습구나
누군가 말하기를 물은 쪼개도 흔적이 생기지 않는다 하였네

薦福逸 頌
金沙灘裏馬郎婦
宗匠臨機得一言
自笑箭穿紅日影
孰云斫水不成痕

෴ 해인신 선사 송

무쇠를 끊는 기틀을 누가 헤아리랴
천 개의 눈, 단박에 활짝 떠도 엿볼 수 없다
선인(禪人)이 여기에 이르렀다는 것은 헛된 이름과 모양일 뿐
아가위 열매를 배로 잘못 아는 걸세

海印信 頌
截鐵之機安可測
頓開千眼莫能窺
禪人到此徒名邈
錯認樝梨作乳梨

ꕥ 심문분 선사 송

금빛 모래 개울가의 마씨의 부인이라 함이여
은근히 합장하고 누구를 머리 위에 올려놓을꼬
늙어가며 마음의 정 모두 놓아버렸거늘
까닭 없이 밝은 거울을 보며 눈썹[41]을 그렸구려

心聞賁 頌
金沙灘頭馬郎婦
合掌殷勤頂戴誰
老去心情都放下
無因炤鏡畵蛾眉

41) 원문의 아미(蛾眉)는 예쁘게 보이기 위해 가늘고 길게 그린 눈썹을 말한다.

◌ 무진 거사 송

어느 해에 마씨 집 신랑이 장가가서
봉황 베개 벽옥 침상에 같이 잘꼬 하였더니
고개 돌림에 화교에서 이별의 쓰라림 당하니
지는 꽃, 흐르는 물에 눈물이 천 가닥이라네

無盡居士 頌
何年嫁事馬家郎
鳳枕同眠碧玉床
回首畵橋離別苦
落花流水淚千行

◌ 남원 원 화상의 문답

남원 원 화상에게 어떤 선승이 물었다.

"어떤 것이 금빛 모래의 개울가의 마씨의 부인입니까?"

남원 원 화상이 대답하였다.

"파도를 따르고 물결을 쫓는구나."

僧問南源圓和尙 如何是金沙灘上馬郞婦 師云 隨波逐浪

 대원 문재현은 이 칙을 모두 듣고나서 이르노라.

마씨의 부인이라는 말이나 소리에 떨어지지만 말라. 그러면 분명하고 분명하리니 알겠는가?

고모는 원래부터 여자이고
고숙은 원래부터 남자이며
그 밑 손(孫)은 고종간 이라 하네

1252칙 해가 부상을 가장 먼저 비추느니라

 본 칙

풍혈 선사에게 어떤 선승이 물었다.

"어떤 것이 부처입니까?"

풍혈 선사가 대답하였다.

"어떤 것이 부처 아닌 것인가?"

선승이 다시 말하였다.

"학인이 현묘한 말씀을 깨닫지 못하겠으니, 다시 가리켜 주십시오."

풍혈 선사가 말하였다.

"집이 해문주에 있으니 해가 부상을 가장 먼저 비추느니라."[42]

風穴 因僧問 如何是佛 師云 如何不是佛 僧云 學人 未曉玄言 乞師再指 師云 家住海門洲 扶桑 最先照

42) 해문주는 중국의 가장 동쪽에 있는데, 부상은 해문주에서도 동쪽에 있다.

☁ 보녕용 선사 송

미간의 한 줄기 백호 광명
여러 겁을 어느 곳에 간직한 지 알겠는가
긴긴 밤 적요하여 날이 새기 전이라
다시 이마에 손을 얹고 부상을 바라보네

保寧勇 頌
眉間一道白毫光
歷劫知將甚處藏
永夜寂寥天未曉
更須斫額望扶桑

 대원 문재현은 이 칙을 모두 들고나서 이르노라.

"어떤 것이 부처 아닌 것인가?"의 의미를 찾다가는 멀고도 먼 일 일세.

솜덩이 구름 위의 산정에서
잔 기울이며 음률에 젖었는데
봄바람 꽃향기를 실어오네

1253칙 오봉루 앞의 것

 본 칙

풍혈 선사에게 어떤 선승이 물었다.

"어떤 것이 도입니까?"

풍혈 선사가 대답하였다.

"오봉루 앞의 것이니라."

선승이 다시 물었다.

"어떤 것이 도 가운데의 사람입니까?"

풍혈 선사가 대답하였다.

"황성(隍城)[43]의 사자에게 물어보라."

風穴 因僧問 如何是道 師云 五鳳樓前 僧云 如何是道中人 師云 問取隍城使

---

43) 황성(隍城) : 황(隍)은 '왕'이라는 뜻을 갖고 있다.

∽ 투자청 선사 송

깊은 궁궐 황궁은 겹겹이 둘러싸여 떨어져 있고
고요한 발과 기둥에 자줏빛 기운[44] 드리웠네
이끼 낀 땅이라 가까이 청하여 알현하는 것이 통하지 않으니
집안의 사람이 가리키는 길을 의심하여 늦어지지 말라

投子青 頌
深宮禁殿隔重圍
簾靜簷楹紫氣垂
苔地不通朝請近
家人指路莫遲疑

44) 자줏빛 기운 : 상서로운 기운. 황제가 있는 곳을 상징한다.

ᯅ 투자청 선사가 다시 이 칙을 들고 말하였다.

그러나 도를 가리키는 것은 사람에게 달렸고, 행하는 것은 자기에게 달렸다. 물음에 깨달음을 열도록 다하였으니, 답함으로써 종승을 제창했다. 만일 이 사람이 아니라면 나아가려고 해도 헛수고할 뿐이다. 무슨 까닭인가?

초월해서는 초월했다 함마저 두지 않는 한 길은 천 성현도 사귀지 못한다. 망설이는 사이에 몸과 목숨을 잃으리라. 그러므로 용누각에 상서를 맞이하고, 자줏빛 대궐에 연기가 자욱하다. 이끼 낀 섬돌에 깊이 둘러싸였고, 촛불 향기에 사람마저 고요하다.

이럴 때를 당하여 헐떡거리는 사람을 허락하겠는가? 만일 헐떡거린다면 그 사이가 만 리(萬里) 먼 길이리라.

又拈 然 指道 由人 行之 在己 問窮決悟 答以提宗 不是當人 徒勞進步 何故 蓋向上一路 千聖 不遊 擬議之間喪身失命 是以 龍樓迎瑞 紫殿籠煙 苔砌深圍 燭香人靜 正當與麽時 還許人喘息麽 若喘息之間 長途萬里

ᔓ 낭야각 선사가 상당하여 이 칙을 들고 말하였다.

대중에서 분별함이 지극히 많으나 산승이 오늘 그들을 위해 게송을 읊으리라.

달은 비단 속의 거울 같고
별은 안개 속의 등불 같다
방 안에 가득한 청정대중이
모두가 앉은 선승이라

잘 있거라.
(다른 책에는 "도와 도 가운데 사람의 거리가 얼마인가?" 하니 선사가 "달은 비단 속의 거울 같고, 별은 안개 속의 등불 같으니라." 하였다.)

琅琊覺 上堂擧此話云 衆中商量 極有云云 山僧 今日 與你頌出
月似羅中鏡　星如霧裏燈
滿堂淸淨衆　盡是坐禪僧
珎重(此本云 道與道中人相去多少 師云 月似羅中鏡星如霧裏燈)

 대원 문재현은 이 칙을 모두 들고나서 이르노라.

지난 어느 날, 어떤 이가 와서 "어떤 것이 도며, 어떤 것이 도 가운데 사람입니까?"라고 묻기에 "세 어른에 다섯 식구니라." 했느니라.

1254칙 말함 없이 말함

 본 칙

풍혈 선사를 염법화와 진원두가 모시고 서 있는데, 풍혈 선사가 진원두에게 물었다.

"어떤 것이 세존께서 말함 없이 말함이며, 가섭이 들음 없이 들음인가?"

진원두가 대답하였다.

"비둘기가 나뭇가지 위에서 우나, 마음은 깨밭에만 있습니다."

풍혈 선사가 말하였다.

"허다한 어리석은 복을 지어서 무엇하려는가? 어째서 언구를 궁구하여 체득하지 않는가?"

이어 염법화에게 물었다.

"그대는 어떻게 생각하는가?"

염법화가 말하였다.

"움직이는 대로 옛길을 드날림이라, 소인배의 기틀에 떨어지지 않습니다."

풍혈 선사가 진원두에게 말하였다.[45)]

"그대는 어째서 염법화가 한 말을 보지 않는가?"

風穴 因念法華 與眞園頭 侍立次 師問眞云 作麽生是世尊不說說 迦葉不聞聞 眞云 鵓鳩樹頭啼 意在麻畬裏 師云 作許多癡福 作什麽 何不體究言句 又問念云 你作麽生 念云 動容 揚古路 不墮悄然機 師云 你何不看念法華下語

45) 여기의 원문에는 없으나 지월록(指月錄)에 혈위진왈(穴謂眞曰)이라는 대목이 있다. 본 공안을 뒤의 운문고 선사가 염한 대목에 '만일 하나라면 어째서 풍혈이 염법화만을 수긍하고 진원두는 긍정치 않았으며,…'라는 구절을 보더라도 풍혈 선사가 진원두에게 말한 것이 분명하며, 공안 전체를 보더라도 필요한 것이어서 해석해 넣었다.

◌ 운문고 선사가 상당하여 이 칙을 들고 말하였다.

산승이 그때에 그 늙은이가 그렇게 말하는 것을 보았더라면 구덩이 하나를 깊이 파서 몽땅 묻어버리고 다시 소를 끌어다가 그 위를 밟고 지나게 한 뒤에, 도리어 진공(眞公)을 놓아 한 머리를 출두시켰을 것이다.

산승의 이런 말이 강한 이를 억눌러 약한 이를 돕자는 것도 아니며, 또 없는 일을 만들자는 것도 아니니, 그대들이 만일 '비둘기가 나무 끝에서 우는 것은 뜻이 깨밭에 있다.'라는 말을 알게 되면, 곧장 '움직이는 대로 옛길을 드날림이라, 소인배의 기틀에 떨어지지 않는다.'는 말의 뜻도 알게 되리라.

이 두 가지 말이 끝내 하나인가, 둘인가? 만일 하나라면 어째서 풍혈이 염법화만을 수긍하고 진원두는 긍정치 않았으며, 만일 둘이라 하면 저녁 노을은 외로운 따오기와 가지런히 날고 흐르는 물은 먼 하늘과 한 빛임을 어찌하랴.

참!

雲門杲 上堂擧此話云 山僧 當時 若見遮老漢恁麽道 深掘一坑 一時埋却 更牽牛從上蹋過 却須放眞公出一頭 始得 山僧 恁麽道 且不是抑强扶弱 亦不是杜撰差排 你若識得鵓鳩樹頭啼 意在麻畬裏 便識得

動容揚古路不墮悄然機 這兩轉語 畢竟是一耶 是二耶 若道是一 爲什麽 風穴 只肯念法華 却不肯眞園頭 若道是二 爭奈落霞與孤鶩齊飛流水共長天一色 參

 대원 문재현은 이 칙을 모두 들고나서 이르노라.

진정 풍혈답지 못 하구나.

옥(玉)석가가 사바에 출마하니
돌〔石〕제석은 선전하며 나서고
나무〔木〕신장 신통 다해 경호한다

1255칙 옛 곡조

 본 칙

풍혈 선사에게 어떤 선승이 물었다.

"옛 곡조에 음향이 없으니, 어떻게 화답하시겠습니까?"

풍혈 선사가 대답하였다.

"나무닭이 한밤에 울고, 짚으로 만든 개가 새벽에 짖느니라."

風穴 因僧問 古曲無音韻 如何和得齊 師云 木雞 啼子夜 芻狗 吠天明

ᨒ 투자청 선사 송

옛 바위의 달빛을 겹겹 구름이 가두었는데
고목나무 꽃핌을 맞으니 봄이 오는 것을 안다
지난 밤, 별무리가 남두로 돌고
해가 봉을 따라 하늘을 지나간다

投子青 頌
古嵓月色鏁重雲
枯木迎芳曉帶春
昨夜星河轉南斗
金烏隨鳳過天輪

ꔰ 운문고 선사가 상당하여 이 칙을 들고 말하였다.

이 얼굴 누런 절강성 촌뜨기의 이런 대답이 임제의 자손이 되기에는 아직 부족하다.

오늘 누군가가 경산에게 "옛 곡조에 음향이 없으니, 어떻게 화답하시겠습니까?"라고 묻는다면 그에게 "나무닭이 한밤에 울고, 짚으로 만든 개가 새벽에 짖느니라."라고 하리라.

雲門杲 上堂擧此話云 這黃面浙子 恁麽答話 也做他林際兒孫未得在 今日 或有人問徑山 古曲 無音韻 如何和得齊 只向他道 木鷄 啼子夜 芻狗 吠天明

 대원 문재현은 이 칙을 모두 듣고나서 이르노라.

돌사자 법사 되어 입광명 뿜어내고
옥기린 천녀 되어 구름에서 노래하며
모래용 악사 되어 풍악으로 맞는다

1256칙 유무 모두 갈 곳이 없을 때

본 칙

풍혈 선사에게 어떤 선승이 물었다.

"유와 무 모두 갈 곳이 없을 때가 어떠합니까?"

풍혈 선사가 대답하였다.

"3월의 꽃길에서 한가롭게 노는데, 한 집안은 우중(雨中)에 문을 닫고 시름겨워하네."

風穴 因僧問 有無俱無去處時如何 師云 三月懶遊花下路 一家愁閉雨中門

ꩰ 심문분 선사가 이 칙을 들고 말하였다.

풍혈 선사는 앞으로는 마을에 이르지 못하고, 뒤로는 지킬 곳을 얻지 못하는 경지에서 단박에 활구를 얻어 평생을 경사스러워하였다.

지금 많이들 이 속을 지나쳐버리고 있다. 서암이 눈썹을 아끼지 않고 그대들을 위해 들어 보이리라.

(잠잠히 있다가)

버들꽃 땅에 떨어져 날리지 않고, 한없이 시름겨워하는 사람은 자규를 원망한다.

心聞賁 擧此話云 風穴 向前不及村 後不及保處 驀然得句 慶快平生 而今 大有向這裏蹉過底 瑞嵒 不惜眉毛 爲你擧看 良久云 楊花落地飛不起 無限愁人 怨子規

 대원 문재현은 이 칙을 모두 들고나서 이르노라.

이렇게 드러내놓고 묻는 이를 가장 어리석다 하니라.

1257칙 친절한 곳

 본 칙

풍혈 선사에게 어떤 선승이 물었다.

"어떤 것이 학인의 친절한 곳입니까?"

풍혈 선사가 대답하였다.

"수미산 남쪽에서 일제히 북을 치고, 하란산 꼭대기에서 가죽옷을 볕에 말린다."

風穴 因僧問 如何是學人親切處 師云 須彌南畔 齊打鼓 賀蘭山上 曬皮裘

◌ 투자청 선사 송

친절한 곳을 일찍이 늙은이에게 물음이여
동쪽 산에서 노래를 부르니 북쪽 산이 읊조린다
조수를 희롱하는 이는 남방 오강의 객이요
특별한 말〔語〕은 역시 저 북방 한지(漢地)의 사람이다

投子青 頌
親切曾伸問老翁
東山歌唱北山吟
弄潮須是吳江客
別語還他漢地人

 대원 문재현은 이 칙을 모두 들고나서 이르노라.

이보다 친절한 곳도 있던가?

1258칙 사슴 중의 왕

 본 칙

풍혈 선사에게 어떤 선승이 물었다.

"사슴들이 떼를 이루었으니, 어찌해야 사슴 중의 왕을 쏘겠습니까?"

풍혈 선사가 대답하였다.

"낚싯배에 실어 소상강 기슭에 이르러서, 기운을 삼키고 쓸모없음을 없애려면 백구에게 물어라."

風穴 因僧問 麈鹿成群 如何射得麈中麈 師云 釣船載到瀟湘岸 氣咽無聊問白鷗

◌ 투자청 선사 송

황궁은 문 겹겹이고, 보고 듣는 것이 준엄하며,
붉은 실 드리워졌는데, 한쪽에 서서 생각하네
한향에 구름이 끊어지니 정주가 두렷하고
저문 산마루에 원숭이 울음, 외로운 달빛을 따르네

投子青 頌
禁殿重閣視聽危
側思偏立絳綸垂
漢鄉雲斷汀洲迥
嶺暮猿啼孤月隨

 대원 문재현은 이 칙을 모두 들고나서 이르노라.

대원이었다면 한 대 갈겼을 것이다.

1259칙 비밀한 방 안의 도

 본 칙

풍혈 선사에게 어떤 선승이 물었다.

"어떤 것이 비밀한 방 안의 도입니까?"

풍혈 선사가 대답하였다.

"구름을 꿰뚫으니 하늘 밖의 달이요, 방을 뚫는 저녁 노을빛이니라."

風穴 因僧問 密室之中如何是道 師云 穿雲天外月 透室晩霞光

☁ 취암종 선사가 이 칙을 들고 말하였다.

종(宗) 상좌는 그렇게 하지 않으리라. 하늘 밖의 달도 필요 없거늘 저녁 노을빛을 무엇하리오. 알겠는가?

알려면 당장에 알 것이요, 보려면 당장에 보아야지, 망설이며 받아들이려 하면 우레 치고 번개 치듯 하리라.

翠嵓宗 拈 宗上座 卽不然 不須天外月 何用晩霞光 還會麽 會卽便會 見卽便見 擬議承當 驚雷掣電

 대원 문재현은 이 칙을 모두 듣고나서 이르노라.

대원은 그렇게 하지 않으리라.

"오늘의 계획에 등산이 있고, 내일 목표는 4킬로 걷기일세."라고만 하리라.

1260칙 어떻게 주인을 가려내겠습니까

 본 칙

풍혈 선사에게 어떤 선승이 물었다.

“끝없는 티끌 가운데서 어떻게 주인을 가려내겠습니까?”

풍혈 선사가 대답하였다.

“눈이 없는 선인이 골격을 만져 사람을 가려내는데,[46] 떠들썩한 장터에서 상봉하여 손을 잡고 놀라워한다.”

風穴 因僧問 浩浩塵中 如何辨主 師云 無目仙人 能揣骨 鬧市相逢 執手驚

46) 원문의 췌골(揣骨)은 점술의 하나로 사람의 골격을 만져서 빈부, 지혜와 우둔함, 귀천과 수명을 알아낸다. 송나라 개봉부의 맹인이 이 췌골법에 뛰어나서 사람의 뼈를 만지면 사람의 과거, 현재, 미래를 점을 쳐 맞췄다고 한다.

ౚ 천동각 선사가 이 칙을 들고 말하였다.

여러분, 마음과 마음이 걸림이 없으면 곳곳마다 만나니라. 이 사이의 이것은 문수의 가풍이요, 이것은 보현의 모습이라. 걸음을 걷지 않고 미륵의 누각을 다니며, 들음을 돌이키지 않고도 관음의 보문에 들어간다.

각 상좌는 당사자가 모르는 것만 알고, 곁에서 보는 이가 웃는 것은 돌아볼 줄 모르니, 다시 소식을 통해 주리라.

(불자를 들어 세우고)

삼세의 부처와 역대의 조사와 천하의 노화상과 풍혈 노장과 그대들, 한 무리 납자들의 콧구멍이 몽땅 각 상좌의 불자 끝에 꿰였도다. 알겠는가? 모임 가운데는 강남에서 온 나그네도 있으니, 사람들 앞에서 자고새 노래 부르는 것을 그만두라.

(불자로 선상을 치다.)

天童覺 擧此話云 諸仁者 心心不觸 處處相逢 祗此間 是文殊家風 祗這介 是普賢身相 不動步遊彌勒樓閣 不返聞入觀音普門 覺上座 祗知當局者迷 不顧傍觀者哂 更通箇消息去也 乃竪起拂子云 三世諸佛 歷代祖師 天下老和尙 風穴老漢 你這一隊禪和子鼻孔 惣被覺上座拂子穿却 還覺麽 座中 亦有江南客 休向人前唱鷓鴣 以拂子擊禪床

 대원 문재현은 이 칙을 모두 듣고나서 이르노라.

대원은 풍혈처럼 하지 않으니라.

"끝없는 티끌 가운데서 어떻게 주인을 가려내겠습니까?" 하면 그저 "끝없는 티끌이다." 하리라.

1261칙 여름 해제

 본 칙

풍혈 선사에게 해젯날 어떤 선승이 물었다.

"여름 해제인 오늘, 화상의 뜻이 어떠하십니까?"

풍혈 선사가 대답하였다.

"거위를 보호해서 누명을 벗긴 것은 어여삐 여기지 않고, 섣달의 얼음 같은 사람만을 기뻐한다."

風穴 解夏日 因僧問 解夏此日 師意如何 師云 不憐鵝護雪 且喜臘人冰

ꩠ 육왕심 선사 송

구순(九旬) 동안 섣달의 얼음 같은 사람을 기뻐하니
앉건 눕건 거닐건 철저히 청정하네
노주와 등롱이 일제히 합장하고
시방세계 모두가 태평일세

育王諶 頌
九旬且喜臘人冰
坐臥經行徹底淸
露柱燈籠齊合掌
十方世界惣昇平

ꩲ 심문분 선사 송

달빛이 흰 벽을 비추니 더욱 희고
촛불이 초롱 속에 있으니 더욱 붉다
싸늘한 밤, 우물가에 낙엽소리 들리니
이미 가을이 오동나무에 이르렀음에 놀라네

心聞賁 頌
月臨粉壁間尤白
燭在紗籠裏更紅
夜冷井邊聞落葉
已驚秋色到梧桐

ᯅ 육왕심 선사가 이 칙을 들고 말하였다.

분명한가? 여기에 징험할 곳이 있도다.

(불자로 선상을 한 번 치고)

첫째, 열 것이 없고, 둘째, 향할 곳도 없다.

(다시 불자로 두 번째 치고)

수레는 옆으로 밀지 못하고 이치에는 곧고 굽은 것이 없다.

(다시 세 번째 치고)

뉘라서 변화의 옥[47]을 감정할 사람이 없다 하는가. 나는 여의주가 가는 곳마다 빛난다 하노라.

育王諶 拈 還端的也無 這裏 有介驗處 遂以拂子 擊禪床一下云 一不得開 二不得向 復擊兩下云 車不橫推 理無曲斷 又擊三下云 誰言卞壁 無人鑑 我道驪珠到處晶

47) 변화는 주(周), 초(楚)의 사람으로 박옥(璞玉)을 얻어 초의 려왕에게 헌상했으나 가짜라고 해서 왼쪽다리를 잘렸다. 다음 무왕때 다시 헌상했으나 오른쪽 다리를 잘렸다. 뒤에 문왕이 즉위하여 기술자로 하여금 박옥을 다듬게 하여 보석을 얻었다고 한다.

ᘓ 자항박 선사가 해젯날 상당하여 이 칙을 들고 말하였다.

풍혈은 능히 닦아 증득할 것을 기약했다 하겠으니, 공력을 헛되이 베풀지 않았다. 방울물이 얼음으로 언다 하여도 이 일에만은 전혀 아무런 관계가 없다. 무슨 까닭인가?

손에 백옥채찍을 들고 여의주를 모두 부쉈기 때문이다.

(불자로 선상을 치다.)

慈航朴 解夏 上堂擧此話云 風穴 可謂克期修證 功不浪施 直饒滴水冰生 要且事不相涉 何也 手把白玉鞭 驪珠 盡擊碎 以拂子 擊禪床

 대원 문재현은 이 칙을 모두 듣고나서 이르노라.

이 사람이 풍혈 선사였다면 그 선승에게 "차나 들라." 했으리라.

1262칙 삼계가 온통 불에 타면 어찌해야 벗어나겠습니까

 본 칙

영교 안철호가 어느 날, 풍혈의 단로(團爐) 안에 앉았는데 사도(司徒) 벼슬을 한 종(鍾)씨가 와서 뵙고 물었다.

"삼계가 온통 불에 타면 어찌해야 벗어나겠습니까?"

이에 풍혈 선사가 부젓가락을 들어 불을 뒤적거려 보이니, 사도가 머뭇거리자 풍혈 선사가 말하였다.

"사도여, 사도여."

穎橋安鐵胡 一日 在風穴團爐內坐 有鍾司徒來見 便問 三界焚燒 如何出得 師將火匙撥火開 司徒擬議 師曰 司徒司徒

ꩰ 공수 화상이 이 칙을 들고 말하였다.

동을 가리켜 서에 그리고, 종(鍾)을 불러 옹기〔甕〕를 만든다. 이 일을 지녀 제창하려면 반드시 제일의 기틀을 밝혀야 한다.
대중들이여, 이 속의 바람이 점점 거세지니, 따뜻한 곳에 돌아가서 헤아려라.

空叟和尙 擧此話云 指東劃西 喚鐘作甕 要提持箇事 須明第一機 始得 大衆 這裏 風頭稍硬 且歸暖處商量

 대원 문재현은 이 칙을 모두 듣고나서 이르노라.

만물지영장인 사람 가운데서도 선승으로서 어찌 한나라 개나 하는 짓을 하고 있단 말인가?
(찻잔을 치다.)

1263칙 제접하지 않느니라

 본 칙

파초산 계철 선사에게 어떤 선승이 물었다.

"어떤 사람은 생사를 버리려 하지도 않고 열반을 증득하려 하지도 않는다는데 스님께선 그도 제접하시겠습니까?"

계철 선사가 대답하였다.

"제접하지 않느니라."

선승이 다시 물었다.

"어째서 제접하지 않습니까?"

계철 선사가 대답하였다.

"노승이 좋고 나쁨을 조금은 아느니라."

芭蕉山繼徹禪師 因僧問 有一人 不捨生死 不證涅槃 師還提携也無師云 不提携 僧云 爲什麽不提携 師云 老僧 粗知好惡

೧ 투자청 선사 송

백 세의 아기가 문을 나섬에
온몸이 붉게 타서 먼지가 끼었다
불 속에서 한가롭게 청량한 땅을 걸음이여
아는 이가 비슷하게 들어올림도 까닭이 없다

投子青 頌
百歲童兒出戶來
滿身紅爛惹塵埃
火中閑步淸凉地
識者無因敢近擡

∽ 단하순 선사가 이 칙을 들고 말하였다.

대중들이여, 파초 선사의 이런 말은 이치에 들어가서 깊이 이야기할 줄만 알았고, 집안을 베풀어 설할 줄은 몰랐다.

자세히 살피건대 마치 어부가 길이 낚시를 드리웠으나 금빛 잉어를 만나서는 잡을 줄 모름과 같다. 만일 단하라면 그렇게 하지 않으리니, 그가 "어떤 사람은 생사를 버리려 하지도 않고 열반을 증득하려 하지도 않는다는데 스님께선 그도 제접하시겠습니까?" 한다면 그에게 "산승은 항상 그를 만나느니라."라고 하기만 하리라.

만일 여기에 눈을 얻으면 다만 손과 주인이 호환할 뿐 아니라 친형제이다.

무슨 까닭인가? 종지를 전하여 법을 세우려면 양굉[48] 같은 사람을 만나기를 바라야 하고, 도를 주창하고 현묘함을 이야기하려면 작가와 만나기를 즐겨야 한다.

여러분은 알겠는가? 이때에 다행히 유마 노인을 만나서 발 닿는 대로 서로 벗이 되어 거친 풀섶으로 들어갔도다.

위음 너머에 달빛이 그윽하고, 야명렴 밖에 풍광이 아름답다.

(한통직이 절에 온 것을 인하여 상당하였다.)

---

48) 양굉(良肱) : 실존 인물. 현명하고 충직한 신하.

丹霞淳 擧此話云 大衆 芭蕉伊麼道 祇解入理深談 不能門庭施設 子細看來 大似漁家竟日長垂釣 却値金鱗不會收 若是丹霞 卽不然 待他問有一人 不捨生死 不證涅槃 師還提携也無 但向他道 山僧 常時 與伊相見 若向這裏 着得介眼 不唯主賓互換 亦乃同氣連枝 何也 傳宗立法 幸遇良肱 唱道談玄 喜逢作者 諸人 還會麼 此時 幸際維摩老 信步相將入荒草 威音那畔月華幽 夜明簾外風光好(因韓通直到寺上堂)

ᔓ 천동각 선사가 이 칙을 들고 말하였다.

파초 선사가 비록 좋고 나쁨을 아나 밭 가는 농부의 소를 끌거나 시장한 나그네의 밥을 빼앗지는 못했다. 지금에 누군가가 장로에게 물으면 말이 끝나기도 전에 때리리라. 어째서 그런가? 나는 원래 좋고 나쁨을 모르기 때문이니라.

天童覺 拈 芭蕉 雖然識好惡 且不能牽耕夫之牛 奪飢人之食 如今若有人 問長蘆 便和聲打 爲什麽如此 我從來 不識好惡

 대원 문재현은 이 칙을 모두 듣고나서 이르노라.

이 이상 없느니라.

밤새 소리 있어서 더 적요한
가을산 솔숲 위의 보름달빛
고색 짙은 법당 앞 노승 한 분…

가슴으로 부르는 불심의 노래

대원 문재현 선사님 작사

여기에 실린 것들은 모두 대원 문재현 선사님께서 직접 작사하신 곡들이다.

수행의 길로 들어서게끔 신심, 발심을 북돋아주는 곡으로부터 수행의 길로 접어든 이의 구도의 몸부림이 담겨있는 곡, 대승의 원력을 발해서 교화하는 보살의 자비심과 함께 낙원세계를 누리는 풍류를 그려놓은 곡까지 가사 한마디, 한마디가 생생하여 그 뜻이 뼛속 깊이 새겨지고 그 멋에 흠뻑 취하게 된다.

대원 문재현 선사님께서는 거칠고 말초적인 요즘의 노래를 듣고 이러한 정서를 순화시키고자, 또한 수행의 마음을 진작시키고자 하는 뜻에서 이 곡들을 작사하셨다.

서 원 가

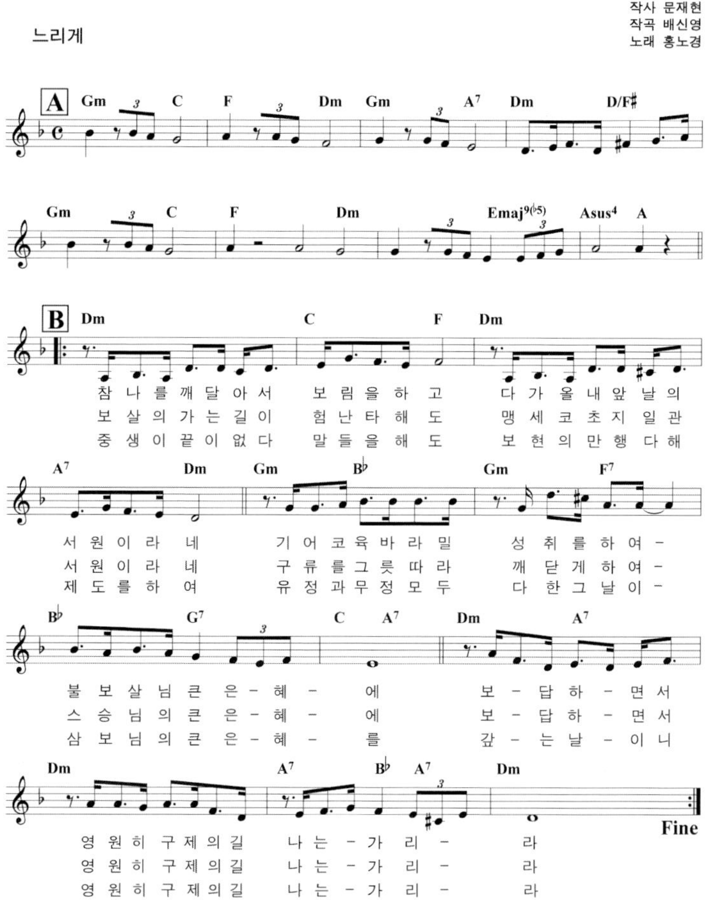
작사 문재현
작곡 배신영
노래 홍노경
느리게
A
B
참 나 를 깨 달 아 서 보 림 을 하 고 다 가 올 내 앞 날 의
보 살 의 가 는 길 이 험 난 타 해 도 맹 세 코 초 지 일 관
중 생 이 끝 이 없 다 말 들 을 해 도 보 현 의 만 행 다 해
서 원 이 라 네 기 어 코 육 바 라 밀 성 취 를 하 여 -
서 원 이 라 네 구 류 를 그 릇 따 라 깨 닫 게 하 여 -
제 도 를 하 여 유 정 과 무 정 모 두 다 한 그 날 이 -
불 보 살 님 큰 은 - 혜 - 에 보 - 답 하 - 면 서
스 승 님 의 큰 은 - 혜 - 에 보 - 답 하 - 면 서
삼 보 님 의 큰 은 - 혜 - 를 갚 - 는 날 - 이 니
영 원 히 구 제 의 길 나 는 - 가 리 - 라
영 원 히 구 제 의 길 나 는 - 가 리 - 라
영 원 히 구 제 의 길 나 는 - 가 리 - 라
Fine

반조 염불가

작사 문재현
작곡 배신영
노래 홍노경

느리게

소중한 삶

작사 문재현
작곡 배신영
노래 홍노경

(모데라토) ♩= 100

석가모니불

작사 문재현
작곡 배신영
노래 홍노경

국악가요

맹서의 노래

작사 문재현
작곡 배신영
노래 홍노경

느리게

염원의 노래

작사 문재현
작곡 배신영
노래 홍노경

느리게

음성공양

작사 문재현
작곡 배신영
노래 홍노경

느리게

발 심 가

작사 문재현
작곡 배신영
노래 홍노경

보사노바

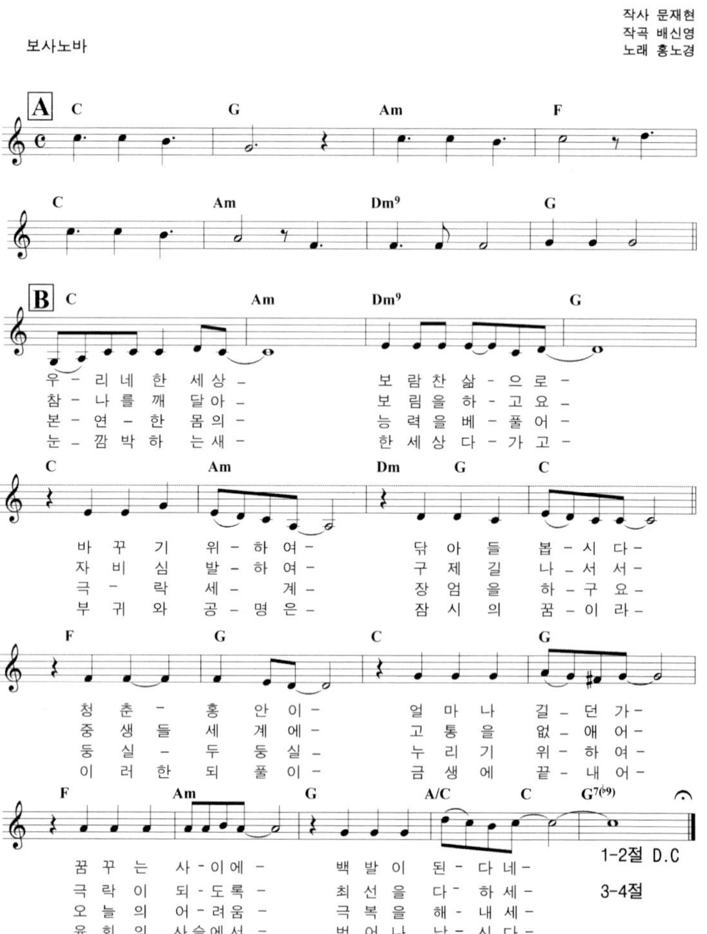

자비의 품

작사 문재현
작곡 배신영
노래 홍노경

부처님 은혜 1

작사 문재현
작곡 배신영
노래 홍노경

보살의 마음

작사 문재현
작곡 배신영
노래 홍노경

이 생에 해야 할일

작사 문재현
작곡 배신영
노래 홍노경

Trot Disco ♩= 140

구도의 목표

작사 문재현
작곡 배신영
노래 홍노경

느리게

님은 아시리

작사 문재현
작곡 배신영
노래 홍노경

Moderato ♩ = 100

부처님 은혜 2

작사 문재현
작곡 배신영
노래 홍노경

느리게

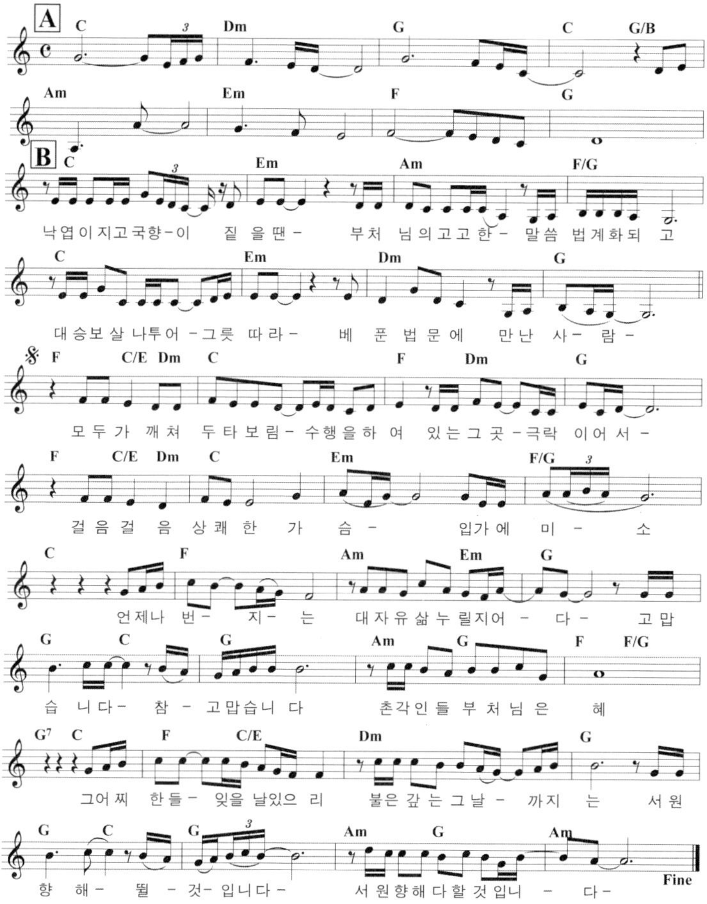

A

B

낙엽이지고국향-이 짙을땐- 부처 님의고고한- 말씀 법계화되 고

대승보살 나투어 -그릇 따라- 베 푼 법문에 만난 사- 람-

모두가 깨쳐 두타보림- 수행을하 여 있는그곳-극락 이어서-

걸음걸 음 상쾌한 가 슴- 입가에 미 - 소

언제나 번- 지- 는 대자유삶누릴지어 - 다- 고맙

습 니다- 참 - 고맙습니 다 촌각인들 부 처 님 은 혜

그어찌 한들- 잊을 날있으 리 불은갚는그날- 까지 는 서원

향 해- 될 - 것- 입니다- 서원향해다할것입니 - 다-

Fine

성중성인 오셨네

(초파일노래)

작사 문재현
작곡 배신영
노래 홍노경

내 문제는 내가 풀자

작사 문재현
작곡 배신영
노래 홍노경

조금빠르게

즐거운 밤

작사 문재현
작곡 배신영
노래 홍노경

Trot Disco ♩= 145

관 음 가

작사 문재현
작곡 배신영
노래 홍노경

조금빠르게 ♩= 130

부 처 님

작사 문재현
작곡 배신영
노래 채연희

Slow GoGo ♩= 80

열반재일

작사 문재현
작곡 배신영
노래 채연희

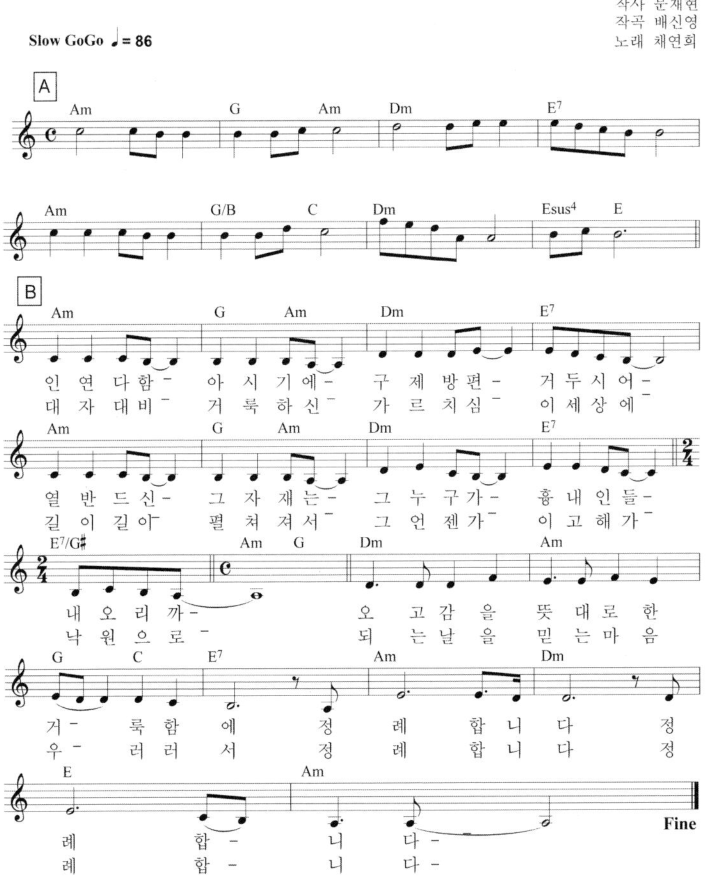

성도재일

작사 문재현
작곡 배신영
노래 채연희

Slow GoGo ♩= 78

석굴암의 노래

작사 문재현
작곡 배신영
노래 채연희

Moderato ♩= 98

님의 모습

작사 문재현
작곡 배신영
노래 채연희

Dm
Am
–Bis–
F
E7
무 지 개 를 타 – 고 나 – 툰 – 모 –
나 에 게 서 깨 – 워 주 – 신 – 모 –
그 대 로 가 유 – 마 묵 – 연 – 마 –
Am
습
습
음
Fine

믿고 따르세

작사 문재현
작곡 배신영
노래 채연회

Dsico (double beat) ♩= 136

신명을 다하리

작사 문재현
작곡 배신영
노래 채연희

Slow ♩= 64 국악가요

부처님께 바치는 노래

작사 문재현
작곡 배신영
노래 채연희
Slow ♩= 78
A
B
늘 새 롭 게 태 어 남 으 로 누 리 는
늘 새 롭 게 태 어 남 으 로 오 늘 도
삶 을 깨 닫 게 이 끌 어 - 주 신 부 처 님 어 -
또 한 내 일 도 함 없 는 - 함 의 즐 거 움 어 -
찌 감 사 함 으 로 만 족 하 리 까
찌 누 림 으 로 만 만 족 하 리 까
부 처 님 처 럼 관 세 음 - 처 럼 닦 고 이 루 고 갖 추 어 서 베
부 처 님 처 럼 관 세 음 - 처 럼 그 리 되 도 록 최 선 다 해 구
품 - 으 로 - 구 제 하 는 맘 구 류 가 다 한 날 까 지
류 - 들 을 - 구 제 해 내 는 대 자 비 의 무 장 으 로 써
최 선 다 함 만 이 크 나 큰 은 - 혜 갚 음 이 라 영 원 히 신 -
신 명 다 함 만 이 크 나 큰 은 - 혜 갚 음 이 라 부 처 님 전 -
명 다 할 겁 - 니 다
에 합 장 합 - 니 다
Fine

감사합니다

작사 문재현
작곡 배신영
노래 채연희

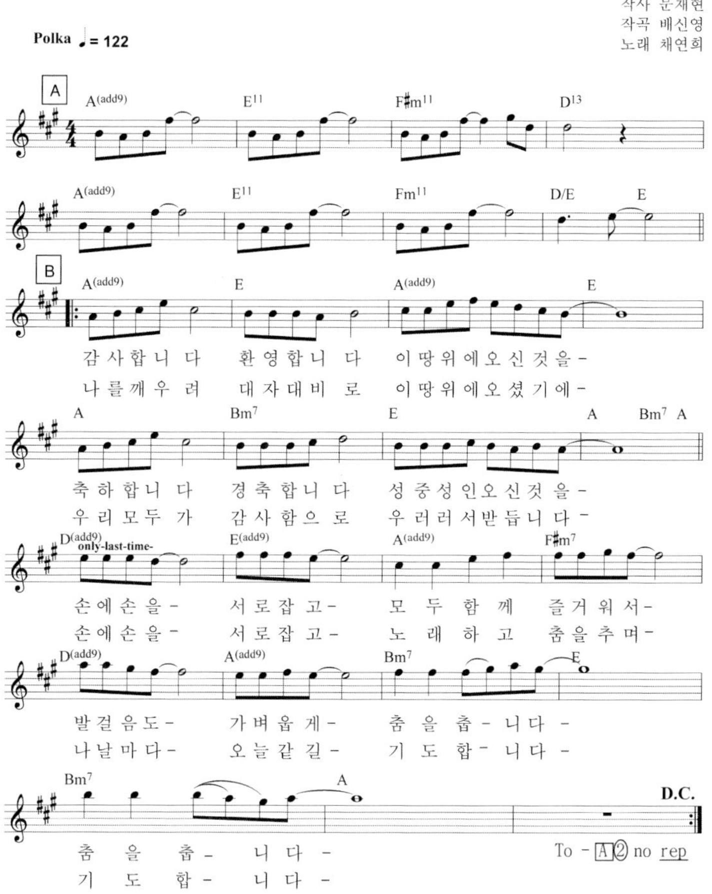

교 화 가

작사 문재현
작곡 배신영
노래 채연희

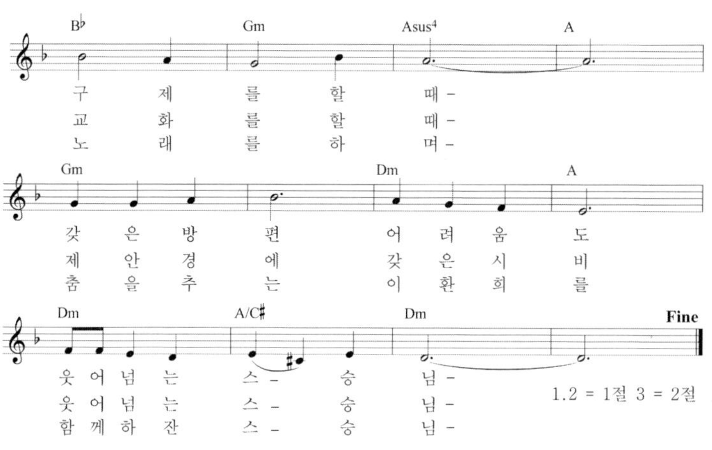
B♭ Gm Asus4 A
구 제 를 할 때 -
교 화 를 할 때 -
노 래 를 하 며 -
Gm Dm A
갖 은 방 편 어 려 움 도
제 안 경 에 갖 은 시 비
춤 을 추 는 이 환 희 를
Dm A/C♯ Dm
Fine
웃 어 넘 는 스 - 승 님 -
웃 어 넘 는 스 - 승 님 -
함 께 하 잔 스 - 승 님 -
1.2 = 1절 3 = 2절

섬진강 소초

작사 문재현
작곡 배신영
노래 채연희
Slow GoGo ♩= 84
A
Gm Dm7 B♭ B♭ F/A
Gm Dm C D7
B
Gm Cm D
광 양 - 포 구 팔 십 - 리 의 거 룻 배 에 몸 을 싣 고
하 동 - 포 구 팔 십 - 리 에 거 룻 배 를 띄 워 놓 고
Gm Cm D7 Gm
석 양 노 을 고 운 빛 에 물 새 도 맘 읽 누 나
노 을 들 어 법 문 하 니 어 우 러 진 웃 음 이 네
D7 Gm Cm D7
광 양 하 동 어 우 름 의 한 결 같 은 섬 진 강 은
이 위 력 이 세 상 그 늘 모 두 거 둬 열 린 세 상
Gm F B♭ D7
머 언 머 언 그 날 에 도 오 늘 처 럼 - 흐 르 리 라
평 등 낙 원 누 림 으 로 노 래 하 며 - 살 게 되 리
Gm Cm Gm D7 Gm
우 리 도 저 런 맘 길 이 지 녀 누 리 며 사 세
그 날 을 위 한 삶 모 두 함 께 노 력 해 사 세
Fine

권 수 가 1

작사 문재현
작곡 배신영
노래 채연희

Am
G
Em
G
이 룰듯하 다 가 놓쳤으니 - 하 루하 루 가 태 산만같 게
어 찌아 니 슬플쏜가 - 숙 - 명 적 인 인 과라 해 도
Em
Am
D
G
D
커져만 - 가는게 의 심일 세 - 얼 씨구 나 좋 다 -
극복해 - 넘기에 어 려움 네 - 얼 씨구 나 좋 다 -
Em
C
G
Em
지 화 자 좋 네 - 아 니닮 지 는 - 코 러 스 -
지 화 자 좋 네 - 아 니닮 지 는
Am
D
G
못 - 하 리 - 라 -
못 - 하 리 - 라 -
Fine

권 수 가 2

작사 문재현
작곡 배신영
노래 채연희

두타의수 행을 인내로써 하루하루 를 수 행해왔 던
역- 대조 - 사 무공적 의 명 - 월 삼 경 이 좋은밤 을
결실로 - 얻어진 과위라 네 얼 씨구 나 좋 다
두둥실 - 두둥실 즐겨보 세 얼 씨구 나 좋 다
지 화 자 좋 네 아니닭지 는
지 화 자 좋 네 아니닭지 는
- 코 러 스 -
못 - 하 리 - 라
못 - 하 리 - 라
Fine

우란분재일

작사 문재현
작곡 배신영
노래 채연희

Trot in4 (double beat) ♩= 134

고맙습니다

작사 문제현
작곡 배신영
노래 채연회
Waltz ♩= 108
A
Am Dm C E7
B
Am Dm
이 런이도 고 마웁고 저 런이도 고 마우며
이 런일도 없 었고 - 저 런일도 없 었고 -
어 려운일 없 었다면 안 되는일 없 었다면
참 을인자 공 덕이 - 어 질인자 공 덕이 -
C E7 1.
모 - 두가 고 맙습니 다 - 음
모 - 두가 없 었다 - 면 -
고 - 마움 알 았으리 오 -
이 - 리도 큰 거란 - 걸 -
2. Am Am Dm
음 백 겁 천 생 몸 - 쓸 업
알 고 보 니 님 - 의 은
Em Am C
장 닦지못했을 걸 고 - 마 워
혜 님의은 혜일 세 고 - 마 워
E7 Am G C
요 고 마 워 - 요 정 말 정 말
요 고 마 워 - 요 정 말 정 말
Em Am
고 맙 습 니 다 -
고 맙 습 니 다 -
Fine

믿음으로 여는 세상

작사 문재현
작곡 배신영
노래 채연희
Slow ♩= 76
A
Fm B♭m C+5 C Fm
B♭m Fm D♭ C C7
B
Fm D♭ B♭m Cm7 C
우 리 들 모 두 가 부 처 님 의 지 해 - 활 짝 열 린 가 슴 으 로 써
우 리 들 모 두 가 참 선 을 할 때 는 - 모 두 비 워 명 경 지 수 로
B♭m A♭ C7 Fm
다 같 이 도 와 서 - 살 아 들 간 - 다 면 훈 풍 같 은 앞 날 이 리 라
참 나 를 관 조 해 - 실 경 에 사 - 무 쳐 깨 달 아 서 활 짝 웃 는 날
C7 Fm Fm C Fm
아 - 즐 - 겁 게 즐 겁 게 마 - 음 을 다 스 려 참 모 습 을 이 루 노 라 면
아 - 즐 - 겁 게 즐 겁 게 법 - 담 을 함 으 로 꽃 피 울 걸 맹 세 를 하 고
B♭m A♭ C C/E B♭m
정 - 토 의 세 상 이 우 리 를 맞 - 으 리 우 리 모 두 기 도 합 시
정 - 진 에 정 진 을 정 진 에 정 - 진 을 우 리 모 두 실 천 합 시
C C7 Fm
다 다 같 이 기 도 합 시 - 다
다 다 같 이 실 천 합 시 - 다
Fine

출가재일

작사 문재현
작곡 배신영
노래 채연회

염 원

작사 문재현
작곡 배신영
노래 채연희

Moderato GoGo ♩ = 114

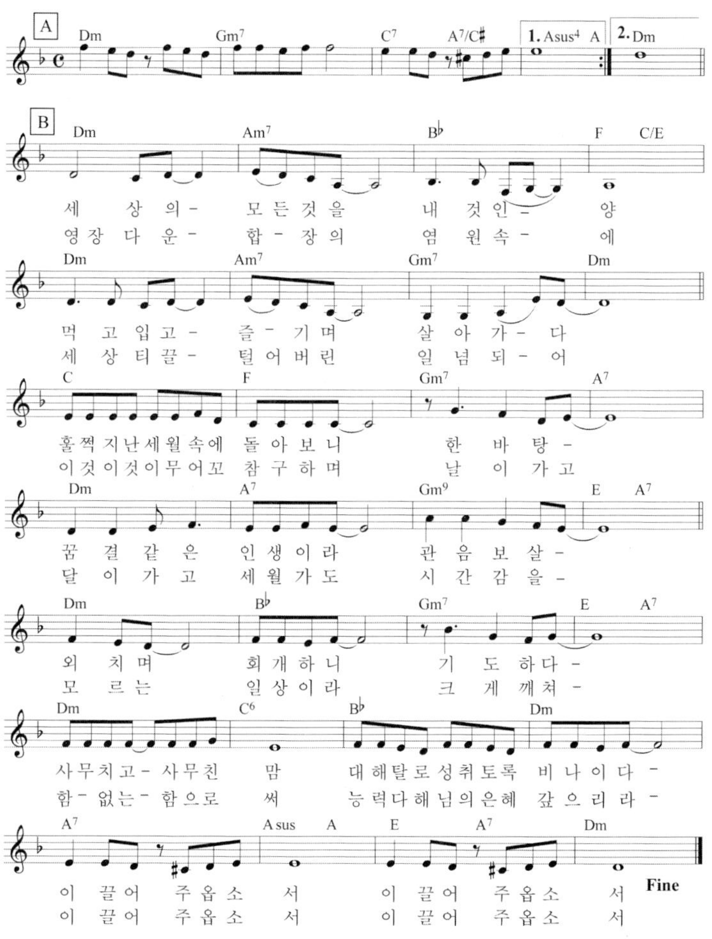

우리네 삶, 고운 수로

작사 문재현
작곡 배신영
노래 채연희
Swing ♩= 122
A
G Em Am D
G C D G D
B
Em Am
어 리 어 리 어 - 우 리 우 리 함 께 사 랑 하 며
어 리 어 리 어 - 우 리 남 녀 노 소 식 구 처 럼
어 리 어 리 어 - 우 리 남 녀 노 소 식 구 처 럼
G C C/D G C/D
어 울 려 노 래 와 춤 으 로 나 -
어 울 려 나 누 는 맘 으 로 나 -
어 울 려 나 누 는 맘 으 로 나 -
Em Am
어 리 어 리 어 - 우 리
어 리 어 리 어 - 우 리
어 리 어 리 어 우 리
G Em C D G 1.,2. G 3.
우 리 네 삶 고 운 수 로 꾸 며 가 세 세
우 리 네 삶 고 운 수 로 꾸 며 가 세
우 리 네 삶 고 운 수 로 꾸 며 가 세
Fine

숲속의 마음

작사 문재현
작곡 배신영
노래 채연희

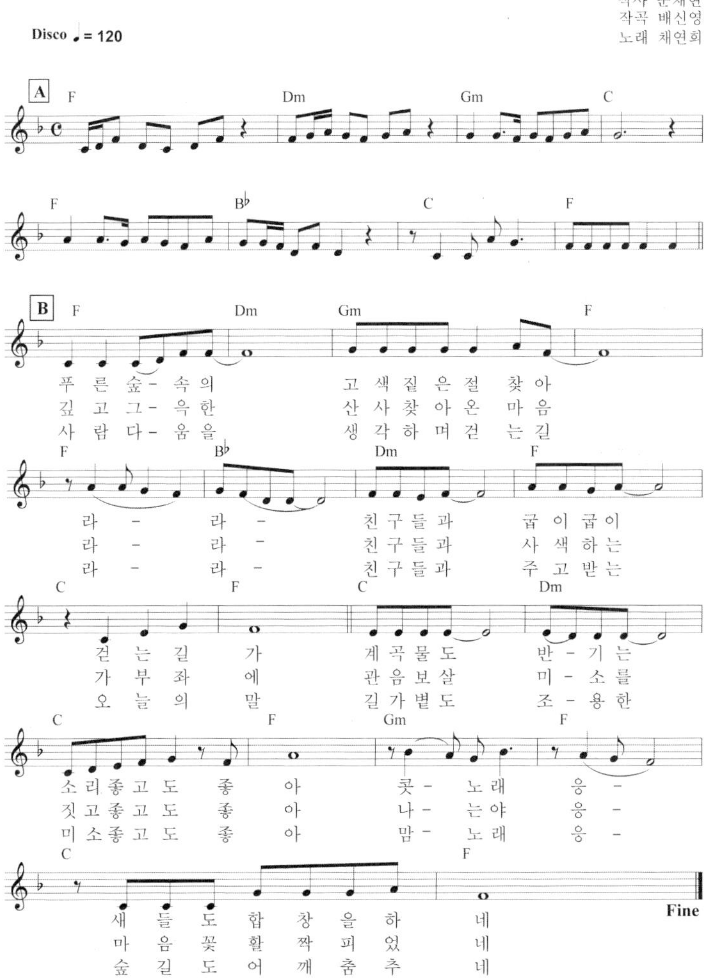

사 색

작사 대원 문재현
작곡 배신영

천부경을 아시나요

작사 대원 문재현
작곡 배신영

보 살 가

작사 대원 문재현
작곡 김동환

너무느리지않게 ♩= 80

이세계저세계서 닦았던보현행을 영원히펼치 — 리

님은 아시리

1 부

1. 사계절의 풍광인들 위로되겠니
   서사시의 음률인들 쉬어지겠니
   뜻과 같이 되지 않아 기도에 젖은
   이 마음 님은 아시리
   한 세상 열정 쏟아 닦는 수행길
   불보살님 출현하셔 베푼 자비에
   모든 망상, 모든 번뇌 없었으면 좋으련만
   마음대로 안 되는 게 수행이더라, 수행이더라

2. 사계절의 풍광인들 위로되겠니
   서사시의 음률인들 쉬어지겠니
   뜻과 같이 되지 않아 기도에 젖은
   이 마음 님은 아시리
   청춘의 모든 욕망 사뤄버리고
   회광반조 촌각 아낀 열정 쏟아서
   이룬 선정 그 효력이 있었으면 좋으련만
   마음대로 안 되는 게 보림이더라, 보림이더라

3. 사계절의 풍광인들 위로되겠니
   서사시의 음률인들 쉬어지겠니
   뜻과 같이 되지 않아 기도에 젖은
   이 마음 님은 아시리
   억겁의 모든 습성 꺾어보려고
   갖은 노력 갖은 인내 온통 쏟아서
   세월 잊은 보림 성취 있었으면 좋으련만
   마음대로 안 되는 게 성불이더라, 성불이더라

2 부

1. 사계절의 풍광인들 비유되겠니
가릉빈가 음률인들 비교되겠니
뜻과 같이 자유자재 베풀어놓고
한없이 즐기시련만
그러한 대자유의 삶을 접고서
중생들을 구제하려 삼도에 출현
갖은 역경 어려움을 감내하는 자비로써
깨워주는 그 진리에 눈을 뜨거라, 눈을 뜨거라

2. 사계절의 풍광인들 비유되겠니
가릉빈가 음률인들 비교되겠니
뜻과 같이 자유자재 베풀어놓고
한없이 즐기시련만
억겁을 다하여도 끝이 없을 걸
알면서도 해내겠다 나선 님의 길
가시밭길 험난해도 일관하신 그 자비에
구류중생 깨달아서 정토 이루리, 정토 이루리

3. 사계절의 풍광인들 비유되겠니
가릉빈가 음률인들 비교되겠니
뜻과 같이 자유자재 베풀어놓고
한없이 즐기시련만
낙원의 모든 즐김 떨쳐버리고
삼악도를 낙원으로 이뤄놓겠다
촌각 아낀 그 열정에 모두 모두 감화되어
이 땅 위에 님의 소원 이뤄지리라, 이뤄지리라

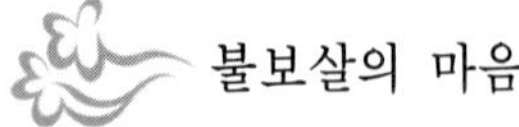

불보살의 마음

1. 자비, 그 자비는 눈물이었네
   불나방이 불을 좇듯 가는 이
   그래도 못 잊어서 버리지 못해
   저리는 저리는 가슴, 그 가슴 안고서
   눈물, 피눈물로 저리 부르네

2. 자비, 그 자비는 눈물이었네
   제 살 길을 저버리는 이들을
   그래도 못 잊어서 버리지 못해
   저리는 저리는 가슴, 그 가슴 안고서
   눈물, 피눈물로 저리 부르네

나의 노래

1. 노세 노세 봄놀이하세
   대천세계 이 봄 경치
   한산 습득 친구삼아
   호연지기 즐겨볼까
   얼씨구나 절씨구
   아니나 즐기고 무엇하리

2. 노세 노세 봄놀이하세
   걸음 좇아 이른 곳곳
   문수보현 벗을 삼아
   화엄광장 춤춰볼까
   얼씨구나 절씨구
   아니나 즐기고 무엇하리

잘 사는 게 불법일세

1. 잘 사는 게 불법일세
   우리 모두 관음보살 지장보살 생활 속에 모시면서
   마음 비운 나날들로 바른 삶을 하노라면
   불보살님 가피 속에 뜻 이뤄서 꽃을 피운
   그런 날이 있을 걸세

2. 잘 사는 게 불법일세
   우리 모두 관음보살 지장보살 생활 속에 모시면서
   마음 비워 살아가며 시시때때 잊지 말고
   참나 찾아 참구하는 그 정성도 함께 하면
   좋은 소식 있을 걸세

3. 잘 사는 게 불법일세
   우리 모두 관음보살 지장보살 생활 속에 모시면서
   틈틈으로 회광반조 사색으로 참나 깨쳐
   화장세계 장엄하고 얼쉬얼쉬 어울리며
   영원토록 웃고 사세

서로 서로 나누면서

버들 푸르고 꽃 만발하고 나비 춤이더니
녹음이 우거지고 매미들의 노래 가득한 천지
울긋불긋 고운 단풍 어제인 듯한데 눈이 오네
우리 모두의 삶 저러하고 저렇지 않던가
보기도 아까웁고 소중한 형제 자매들이니
서로 서로 나누면서 짧은 우리네 삶을 즐기세

해탈의 길

1. 백짓장 한 장도 가리운 것 없는 것을
그리도 몰라 여섯 갈래 떨어져서
그 처참한 갖은 고통 날로 날로 겪는다는 말이런가

백짓장 한 장도 설 수 없는 것이라서
모를 뿐이라 어려울 것 없는 것을
제 능력에 제가 속은 고통에서 벗어나지 못하누나

백짓장 한 장 그런 말도 비운 거기
조용하게 비추어 보아 사무쳐들 보게나
끝이 없는 윤회길의 모든 고통 벗어나는 길이로세

2. 백짓장 한 장 벗겨낼 일도 없이
천연으로 내게 있어 본래 대자윤데
억겁 속을 속박 고통 겪었구나
얼씨구나 절씨구나 좋고 좋네

백짓장 한 장 만한 것도 얻음 없이
이리 만족 하는 것을 두고
유구세월 걸인생활 하였구나
얼씨구나 절씨구나 좋고 좋아 좋고 좋네

백짓장 한 장 옮김 없이 이른 낙원
이 행복을 모두 함께 누려 지상낙원 되는 날을
하루라도 앞당겨서 크고 크신 님의 은혜 갚아보세

우리 모두

우리 모두 만난 인생 즐겁게 살자
부딪치는 세상만사 웃으며 하자
인연으로 어우러진 세상사이니
풀어가는 삶이어야 하지 않겠니
몸 종노릇 하는 사이 맘 챙겨 살자
맑고 맑은 가을 허공 그렇게 비워
명상으로 정신세계 사무쳐보자
언젠가는 깨쳐 웃는 그날이 오리
한산 습득 껄껄 웃는 그러한 웃음
웃어가며 모든 일을 대하는 날로
활짝 펼쳐 어우러진 그러한 삶을
우리 모두 발원하며 즐겁게 살자

이때 우리는

1. 화산의 폭발로 해서 사람들과 모든 것이 용암펄로 화해버린
이 막막한 우리들을 올바르게 영원으로 끌어주실
성인중의 성인이신 불보살님 나라에 가 나는 게 꿈이네

2. 태풍이 인가를 덮쳐 다정했던 이웃들은 간 곳 없고
어지러운 벌판 되어 처참하고 참담하기 그지없는 무상한
이 현실에 의지할 분 생명 밝혀 영원케 한 부처님 뿐이네

3. 지진이 우리의 삶을 삼켜버려 초토화가 되어버린
허망하기 그지없는 우리들의 현실에선 사방천지 둘러봐도
의지해야 할 분은 자신 깨쳐 누리라 한 부처님 뿐이네

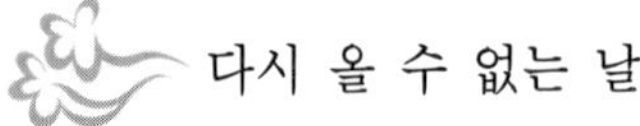

다시 올 수 없는 날

눈을 감은 합장으로 맹서합니다 언제나 같이 하길
모든 걸 버리고 출가를 했으니 기필코 성불하길
굳은 맹세를 하죠 일심기도를 하죠
내 생에 이처럼 의미깊은 날 다시는 올 수 없을 겁니다
스승님을 만난 걸 너무나 감사해요
이 생에서 생사자재하여 모두 함께 합시다
위로는 불지를 닦고 아래로는 교화를 하여
이 생에서 부처님의 크고 큰 은혜를 갚으리라

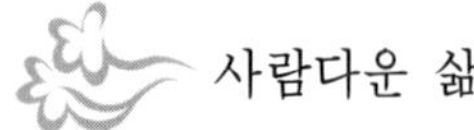

사람다운 삶

1. 사람이 사람다운 사람이 되려면
   명상으로 비우고 비워서
   고요의 극치에 이르러
   자신을 발견한 슬기로써
   마음을 다스리는 연마 후에
   그 능력으로 모두가 살아가야
   평화로운 세상이 활짝 열려
   모두 함께 누릴 걸세

2. 서로가 다툼 없이 서로를 아껴서
   마음으로 베풀고 베푸는
   사회로 이루어 간다면
   낙원이 멀리만 있는 것이 아니라
   살고 있는 이대로가 낙원이란 걸
   모두가 실감하는
   우리들의 세상이 활짝 열려
   모두 함께 누릴 걸세

즐거운 마음

1. 우리 모두 선택 받은 제자 되어
   즐거운 맘 하나 되어 축하합니다
   그 무엇을 이룬들 이리 좋으며
   황금보석 선물인들 이만하리까
   부처님의 가르침만 따르오리다
   실천하리라 실천하리라

2. 부처님의 뒤 이을 걸 맹세하며
   다짐으로 즐기는 맘 가득합니다
   당당하게 행보하는 구세의 역군
   혼신 다해 낙원 이룬 이 세계에서
   함께 사는 즐거움을 생각하며
   노래합니다 노래합니다

닮으렵니다

관세음보살 관세음보살
지극한 마음으로 닮으려고
오늘도 노력하며 주어진 일을 하면
하루가 훌쩍 가는 줄도 모른다오
관세음 관세음보살
님께서 베푸는 그 넓은 사랑을
이 맘 속에 기르고 길러서
실천하는 그런 장부 되어서
큰 은혜 갚을 겁니다

바른 삶

1. 어디 어디 어디라 해도
마음 찾아 바로만 살면
그곳 바로 극락이라네
세상분들 귀담아듣고
사람 몸을 가졌을 때에
모든 고비 극복해내서
참선으로 참나를 깨쳐
걸림없는 해탈의 세상
누려보세 누려들 보세

2. 어둔 곳에 태양이 뜨듯
중생계에 불타 출현해
바른 삶에 인도를 하셔
복된 날을 기약케 하니
아니 아니 좋고 좋은가
이 몸 주인 통쾌히 깨쳐
억겁 업을 말끔히 씻고
걸림없는 해탈의 세상
누려보세 누려들 보세

선 승

토함산 소나무 위에 달빛도 조는데
단잠을 잊은 채 장승처럼 앉아있는
깊은 밤 선승의 그윽한 눈빛
고요마저 서지 못한 선정이라
대천도 흔적 없고 허공계도 머물 수 없는
수정 같은 광명이여, 화엄의 세계로세

수행과 깨침

1. 그릴 수도 없는 마음 만질 수도 없는 마음
찾으려는 수행이라 모든 것을 다 버리고
모든 생각 비우기를 몇천 번이었던가
머리 터져 피 흘려도 멈출 수가 없는 공부
이 공부가 아니던가

2. 놓지 못해 우두커니 장승처럼 뭐꼬 하고 앉았는데
앞뒤 없어 몸마저도 공해버린 여기에서 이러-한 채
시간 간 줄 모른 채로 눈을 감고 얼마간을 지나던 중
한 때 홀연 큰 웃음에 화장계일세

정한 일일세

우리네 삶이란 것
풀 끝 이슬 아니던가
서로서로 위로하고 아끼면서
우리 모두 착한 삶이
이어져 가노라면
언젠가는 행복한
그날이 우리에게
찾아오는 것 정한 일일세
찾아오는 것 정한 일일세

맹 세

1. 내가 선택한 수행의 길에 나의 청춘을 묶었다
   님 향해 눈 감고 합장에 담은 지극한 신심과 정성입니다
   내 가슴에 못질을 하는 업심의 무게 속에서도
   우리가 모신 스승님 자비 속에 눈물도 이젠 끝났다
   너무도 쉽게 깨달아서 소중한지도 모르고
   보림이 힘겨워 단 한 번도 감사하단 말도 못했네
   백년도 우린 살지 못하고 이 몸은 흩어지지만
   세세생생 우리 함께 하도록 열심히 정진하리라

2. 40여년쯤 지나 내 육신의 옷을 벗을 때가 되면
   생사자재하여 스승님과 그 길을 함께 하리라
   너무도 쉽게 깨달아서 소중한지도 모르고
   보림이 힘겨워 큰 은혜에 감사하단 말도 못했네
   백 년도 우린 살지 못하고 이 몸은 흩어지지만
   세세생생 님의 은혜 갚는 길 온 중생 제도함이라
   이 세상의 어떤 고난이 나를 막는다 하여도
   내 전부인 오직 한 분 님 위해 살리라 님 위해 살리라

지장보살

지장보살 두 눈의 흐르는 눈물
마르실 날 언제일까 생각하고 또 생각해도
이 세상의 사람들이 멀어지게만 하고 있네요
보살님 어찌해야 하오리까
반야의 실천으로 최선 다해 돕는다면
안 되는 일 있으리까
대원본존 지장보살 나무 지장보살

걱정 말라

1. 걱정 말라 걱정을 말라 불보살님 말씀대로만
   행한다면 안 풀리는 일 없다 하지 않았던가
   육근으로 보시를 하며 웃고 살자 웃고들 살자
   백년 미만 우리네 인생 세상 만사 마음먹기 달렸다고
   일러주시지 않았던가 걱정을 말라

2. 이리 봐도 저리를 봐도 모두 모두 내 살림일세
   간섭할 수 없는 내 살림 아니 아니 그러한가
   이리 펼치고 저리 펼쳐 육문으로 지은 복덕
   베푸는 맛이 아니 좋은가 우리 사는 지구인 별 함께 가꿔
   낙원으로 만들어서 살아들 보세

얼씨구나 절씨구나 한 판 놀음 덩실덩실 살아들 보세

따르렵니다

1. 우리 모두 합장 공경 하옵니다
   크고 작은 근심 걱정 씻어주려
   우릴 찾아 오셨으니 감사합니다 고맙습니다

2. 우리 모두 손에 손을 맞잡고서
   즐거웁게 노래하고 춤을 추며
   우리에게 오신 님을 경하합니다 축하합니다

3. 우리들의 깊은 잠을 깨워주셔
   영생불멸 낙원의 삶 누리게끔
   해주시려 오신 님을 공경합니다 따르렵니다

효

1. 아들 딸이 귀엽고 사랑스런 그 속에 우리들의 부모님
어려움에도 끝내 가르치고 기른 정 이제 읽으며
늦은 눈물로써 불초를 뉘우치며 맹세하고 다짐하는
아들 딸이 여기 있으니, 건강히 오래만 사시기를
손 모아 손을 모아 간절하게 바라고 또 바라는
기도를 하옵니다 부모님 입이 귀에 걸리시게 할 겁니다

2. 어렵고도 어려운 보릿고개 그 속에 우리들을 먹이고
가르치느라 정말 그 얼마나 고생이 되셨습니까
허리 두 끈들을 졸라맨 아픔으로 사셨죠
정말 정말 오래도록 건강하게만 계셔주신다면
아들 딸을 낳으시고 길러주신 그 노고에 크게 보답할 겁니다
아버님 어머님의 입이 귀에 걸리시게 할 겁니다

나는 바보

나는 바보다 나는 바보야
역지사지 알다보니 바보가 되었네
그렇지만 내 주위는 언제나 웃음이 있고
나눔이 있어 행복하다네
나는 나는 그런 바보야
나는 나는 그런 바보야

웃고 살자

1. 아하하하 우습다 아하하하 우스워
   제 그림자 모르고 저라 하는 사람 보고 아니 웃고 울으랴
   아하하하 우습다 아하하하 우스워
   다섯 도적 종노릇에 헌신하는 사람 보고 아니 웃고 울으랴
   아하하하 우습다 아하하하 우스워
   저승세계 코앞인데 대비 없는 사람 보고 아니 웃고 울으랴
   아하하하 우습다 아하하하 우스워
   참나 찾지 아니하고 허송하는 사람 보고 아니 웃고 울으랴
   아하하하 우습다 아하하하 우스워 (3번 이상)
   아리랑 아리랑 아라리요
   아리랑 고개를 넘어간다
   나를 버리고 가시는 님은
   십 리도 못 가서 되돌아온다

2. 즐겁고도 즐겁다 즐겁고도 즐거워
   좋은 인연 있었던가 거룩한 이 만나서 참나 찾은 이 행운이
   즐겁고도 즐겁다 즐겁고도 즐거워
   이 행운을 나 혼자서 누리기에 아쉬워 인도하려 나섰는데
   아리랑 아리랑 아라리요 아리랑 아리랑 아라리가 났네
   즐겁고도 즐겁다 즐겁고도 즐거워
   영원한 나 찾음으로 한순간에 성취한 낙원의 삶 권하나니
   즐겁고도 즐겁다 즐겁고도 즐거워
   우리 모두 다 함께 얼싸안고 누리는 그런 세상 노력하세
   즐겁고도 즐겁다 즐겁고도 즐거워 (3번 이상)
   아리랑 아리랑 아라리요
   아리랑 고개를 넘어간다
   청천 하늘엔 잔별도 많고
   이내 가슴엔 희망도 많다

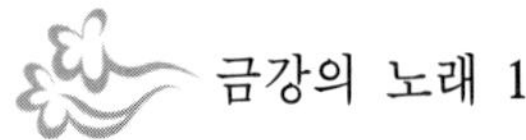

금강의 노래 1

일 없는 경지인 부처님, 중생 위해 한순간도 쉼 없이 일심전력 쏟으시네.

사위국 기수급고독원서 1250명의 비구들과 계실 때 세존께서 공양 때가 되자 가사 입고 발우 들고 사위성에 들어 차례차례 비신 후에 본 곳에 오셔 드시고 가사 발우 거둔 다음 발 씻고 자리 펴 앉으셨네.
이때 장로 수보리 대중 가운데 있다가 자리에서 일어나 오체투지로 앉아 공경히 합장하고 부처님께 여쭙기를
"희유합니다. 세존이시여. 모든 수행하는 보살들에게 잘 생각하여 지키게 하시고 잘 부촉하셨습니다. 그러나 세존이시여 아뇩다라삼먁삼보리 마음을 내어 어떻게 머무르며 어떻게 그 마음을 항복시켜야 합니까?"
"착하고도 착하구나. 수보리야. 네가 말한 대로 여래는 모든 보살들이 잘 생각하여 지키게 하였고 모든 보살들에게 잘 부촉하였다. 그러나 제삼 청하니 너희들은 자세히 듣거라. 그대들을 위해 일러주리라.
선남자 선여인들이여, 아뇩다라삼먁삼보리 마음을 내어 마땅히 이러-히 머물고 이러-히 그 마음을 항복시켜야 하니라."

금구성언 말씀대로 실천 다해
내 기어이 성취하여 구류 구제
최선 다해 큰 은혜를 보답하리

"그러하오나 세존이시여, 정말 그렇습니다만 바라옵건대 보다 더 자세히 듣고자 하나이다."
부처님께서 수보리에게 말씀하시기를
"모든 보살마하살은 마땅히 이러-히 그 마음을 항복시켜야 하니라. 내가 모든 중생들인 아홉 가지 무리들을 모두 남김없이 열반에 들게 하여 이러-히 한량없고 수없고 끝없는 중생을 멸도해서는 진실로 멸도 얻은 중생이 없어야 하니라.
왜냐하면 수보리야 만일 보살이 아상, 인상, 중생상, 수자상이 있다면 곧 보살이라 할 수 없기 때문이다.
수보리야, 보살은 마땅히 법에도 머무름 없이 보시를 해야 하는 것이니 색

에 머무름 없이 보시를 해야 하며, 소리나 향기나 맛이나 촉감이나 법에도 머무름 없이 보시를 해야 하니라.
수보리야, 마땅히 보살은 이러-히 보시를 하여 모든 상에 머무름이 없어야 하는 것이니, 만약 보살이 상에 머무름 없이 보시를 하면 그로 인한 복덕은 생각으로 헤아릴 수 없느니라. 왜냐하면 끝없는 미래에 누리기 때문이니라.
그대는 어떻게 생각하느냐? 몸과 모양으로 여래를 볼 수 있겠느냐, 없겠느냐?"
"볼 수 없습니다. 세존이시여. 몸과 모양으로는 여래를 볼 수 없습니다. 왜냐하면 여래께서 말씀하신 몸과 모양은 곧 몸과 모양이 아니기 때문입니다."
"수보리야, 무릇 있는 바 상이 모두 허망하다고들 하나 만약 모든 상이 상 아님을 보면 바로 여래를 본 것이니라."

금구성언 말씀대로 실천 다해
내 기어이 성취하여 구류 구제
최선 다해 큰 은혜를 보답하리

수보리가 부처님께 여쭈었다.
"이상과 같은 말씀을 듣고 참답게 믿음을 낼 중생이 있겠습니까?"
"수보리야, 그런 말을 말라. 내가 열반한 뒤 오백 세가 지난 후라도 계행을 갖추고 복을 닦는 사람이 있어서 이 글귀에 능히 믿는 마음을 내어 이로써 참다움을 삼을 것이니라.
마땅히 알라. 이 사람은 한 부처님, 두 부처님, 세 부처님, 네 부처님, 다섯 부처님에게만 선근을 심은 것이 아니라 이미 한량없는 천만 부처님 처소에서 선근을 심었기에 이 글귀를 듣고 지극한 한 생각에 깨끗한 믿음을 내니라."
금강반야바라밀
금강반야바라밀
금강반야바라밀

금구성언 말씀대로 실천 다해
내 기어이 성취하여 구류 구제
최선 다해 큰 은혜를 보답하리

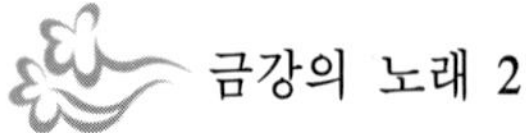

금강의 노래 2

일 없는 경지인 부처님, 중생 위해 한순간도 쉼 없이 일심전력 쏟으시네.

수보리가 부처님께 여쭈었다.
"세존이시여, 부처님께서 아뇩다라삼먁삼보리를 얻으셨다 하나 얻은 바 없습니다."
"그렇고 그렇다 수보리야. 나에게는 아뇩다라삼먁삼보리나 그 어떤 조그마한 법도 얻음이 없으니 이를 이름하여 아뇩다라삼먁삼보리라 하니라.
수보리야 이 법은 평등하여 높고 낮음이 없기에 이를 이름하여 아뇩다라삼먁삼보리라 하니라. 아도 없고, 인도 없고, 중생도 없고, 수자도 없이 모든 선법을 닦아야 곧 아뇩다라삼먁삼보리를 얻느니라.

금구성언 말씀대로 실천 다해
내 기어이 성취하여 구류 구제
최선 다해 큰 은혜를 보답하리

수보리야 선법이라고 말한 것도 여래가 곧 선법도 아닌 이것을 이름하여 선법이라 할 뿐이니라.
수보리야 만일 어떤 사람이 삼천대천세계 가운데 있는 모든 수미산왕만한 일곱 가지 보배 무더기로 보시한다 해도 이 반야바라밀경의 네 글귀 게송만이라도 받아 지녀 읽고 외워서 다른 사람을 위하여 설하여 주는 이가 있다면 앞에서 일곱 가지 보배로 보시한 복덕으로는 백천만억의 일에도 미칠 수 없느니라.
왜냐하면 그 복덕은 끝없는 미래에 누리기 때문이니라.
다른 사람을 위하여 어떻게 말하여 주겠느냐?
취할 상이란 것도 없으니 이러-하고 이러-해서 움직임이 없도록 하라.
왜냐하면 모든 함이 있는 법은 꿈 같고, 허깨비 같고, 물거품 같고, 그림자 같으며, 이슬 같고, 번개 같아서 마땅히 이러-히 보아야 하기 때문이니라.

금구성언 말씀대로 실천 다해
내 기어이 성취하여 구류 구제
최선 다해 큰 은혜를 보답하리

반야의 노래

일 없는 경지인 부처님, 중생 위해 한순간도 쉼 없이 일심전력 쏟으시네.

내면 향해 비춰보는 지혜로써 이 몸 공함 바로 보아
나고 죽는 모든 괴로움 벗어나신 관자재의 말씀 들어보오

색이라나 공과 다르지 아니하고
공이라나 색과 다르지 아니하여
색 그대로 공이고, 공 그대로 색이며
받는 것, 생각하는 것, 행하는 것, 분별도 그렇다시네

모든 법의 상도 또한 공했나니
나고 죽음 본래 없고 더럽지도 깨끗지도 아니하며
늘지도 줄지도 않는다시네

금구 성언 옳은 말씀
수행이란 힘이 들어도
고비 넘겨 이뤄만 봐요
더 없는 행복을 이루네

공 가운데 색 없어서, 받는 것, 생각하는 것, 행하는 것, 분별도 없고
눈과 귀와 코와 혀, 몸과 뜻도 없고
빛과 소리, 향기와 맛, 닿는 것과 법도 없어
눈으로 볼 경계 없어 뜻으로 분별할 경계도 없고
무명 없고 무명 다함 또한 없다시네
그러므로 늙고 죽음 없고, 늙고 죽음 다한 것도 본래 없어
고와 집과 멸과 도도 없다 하고
지혜도 없고 또한 얻음마저 없으니, 얻을 바 없는 까닭이라시네

금구 성언 옳은 말씀
이 경지가 힘이 들어도

구비 넘겨 이뤄만 봐요
영원한 행복을 이루네

보살님들 반야바라밀다를 의지하는 까닭으로 마음에 걸림 전혀 없고
걸림 없는 까닭으로 두려움이 전혀 없어
엎어지고 거꾸러진 꿈결 같은 생각들이
전혀 없어 마침내 열반이라시네

삼세 모든 부처님도 지혜로써 저 언덕에 이르름을 의지한 고로
무상정변정각 이뤘나니 그러므로 알지어다
반야바라밀다는 이러-히 크게 신령한 주며 이러-히 크게 밝은 주며
이러-히 위없는 주며 이러-히 차별 없는 차별하는 주라
능히 모든 괴로움을 없앤다 함 진실이지 거짓 없네

아제 아제 바라아제 바라승아제 모지 사바하
아제 아제 바라아제 바라승아제 모지 사바하
아제 아제 바라아제 바라승아제 모지 사바하

금구 성언 옳은 말씀
이 경지를 최선을 다해
이룬다면 끝없는 삶에
영원한 행복을 이루네

사람 사는 이치

이 세상 사람들 사는 것
농부들 농사를 짓는 것과
조금도 다를 바 없는 이치이니
여러분 귀 기울여 들어보시오
얼씨구나 좋네 지화자 좋네 아니 아니 그러는가

봄이 되면 깊이 깊이 간직해 둔 씨곡식을
꺼내다 땅을 파고 다듬어서 골을 파고 뿌린 후에
오뉴월 찜더위에 구슬땀을 흘리면서
김을 매어 가꾸는 것은 엄동설한 추운 날에
사랑하는 부모님과 아내 자식들 모두
잘 지내게 하려는 깊은 뜻에서라네
얼씨구나 좋네 지화자 좋네 아니 아니 그러는가

어떤 이가 말을 하기를 늘 현재만을 즐겁게 살자
강변함을 보았는데 좋은 말이기는 하지만
그 말은 자칫하면 희망이 없는 잘못된 말이라네
그러므로 내일을 위하여 오늘의 어려움을 즐기면서
밝게 밝게 살아갑시다
얼씨구나 좋네 지화자 좋네 아니 아니 그러는가

치유의 노래

요즈음의 우울증과 가지가지 신경성 질환에 시달리는 사람들
세상에서 들리는 저 모든 소리들을 나의 내면에서 듣는 곳을 향해 비춰보오
쉬운 일은 아니지만 포기하지 않고
듣는 곳을 향해 보고 또 보는 것을
하루 이틀 한 달 두 달 지속하다보면
어느 날 밖이 없는 고요를 체험하게 될 것일세
얼씨구나 좋네 지화자 좋네 아니 아니 그러는가

그 고요를 지속하도록 노력하노라면
어느 날 대상 없는 미소와 동시에 편안함을 체험하게 될 것일세
밖이 없는 이 고요의 편안함을 즐기다 보면
어느 날 밖의 어느 인연을 맞아 그 실체인 자신을 발견할 것일세
이 실체를 발견한 뒤 세상을 살아가는 과정에서 어려운 일이 있으면
바로 그 실체에 비춰 보게
그 어려운 것들이 사라지고 밖이 없는 고요로운 실체의 자신이
대상 없는 미소를 짓게 될 것일세
얼씨구나 좋네 지화자 좋네 아니 아니 그러는가

바른 삶

우리 삶을 두고서 허무하다 누가 말했나
본래 마음이 나 아닌가
그 마음 나를 삼아 살면 되지
지금도 늦지 않네 우리 모두
오늘부터 모두들 마음으로 나를 삼아
길이길이 웃고들 사세

여기가 낙원

참나 찾아 영원을 향해
한 눈 안 판 노력을 하며
가정 위해 사회를 위해
뛰고 뛰고 혼신을 다한
나의 노력 결실이 되어
일상에서 누리는 나날
선 자리가 낙원이 되니
초목들도 어깨 춤추고
산새들도 축하를 하네

내 말 좀 들어봐요

모두 모두 내 말 좀 들어봐요
이 몸이 내가 아니라 이 마음이 나 아닌가
살아가는 생활 속에 명상을 하여
이 맘 찾아 나를 삼아 살아를 봐요
모든 속박 모든 괴롬 벗어나는 아주 좋은 일이니
이제라도 안 늦으니 명상으로 뜻 이루어
영원한 생명 영원한 행복 우리 모두 누려들 보세

사막화를 막고 경영의 시대를 열자

사막화로 급속히 변해가는 이 지구를
방치해선 아니 되네 방치하면
지구가 생긴 이래 최악의 상태 됨은
불을 보듯 뻔한 일일세, 하지만

육십 억의 온 인류가 한 마음 한 뜻 되어
황무지는 돌나물로 푸른 초원 만들고
확장되는 사막화를 세면관의 바닷물로 막는다면
지구가 생긴 이래 가장 살기 좋은 시대를
인류는 맞을 걸세

아리랑 아리랑 아라리요
아리랑 고개를 넘어간다
청천 하늘엔 잔별도 많고
이내 가슴엔 희망도 많다

사막은 지구의 심장
21세기는 사막 경영 시대화를 하여
연구에 노력을 다한다면은
지상 낙원이 우리 인류에게 달려와서 맞을 걸세

육십 억의 온 인류가 손에 손잡고 한 뜻 되어
사랑하는 마음으로 역경을 헤쳐 나가
황무지를 초원으로 만들고
사막화를 막아 살기 좋은 지구촌을 이뤄보세
살기 좋은 지구촌을 이뤄보세

아리랑 아리랑 아라리요
아리랑 고개를 넘어간다
청천 하늘엔 잔별도 많고
이내 가슴엔 희망도 많다

잘 사는 비결

참지 못한 결과는 어려움이 닥치고
참고 참는 결과는 좋은 일이 온다네
친구들아 모든 일 힘을 합쳐 맞으면
못 이룰 일 없지만
니 떡 너 먹고 내 떡 나 먹는 그럼 마음 쓴다면
될 일도 아니 된다네
우리 서로 뜻을 합쳐 모두 모두 잘 살아보세
이미 이룬 과학문명 선용을 하여 용맹심을 내어
모든 일에 임한다면 행복이 줄을 서서 올 걸세
아리랑 아리랑 아라리요
아리랑 고개를 넘어간다
청천 하늘엔 잔별도 많고
이내 가슴엔 희망도 많다

용서하는 결과는 웃는 날이 맞이하고
베푼 뒤엔 참 좋은 이웃들이 생기네
친구들아 서로들 힘을 합쳐 임하면
못할 일이 없지만
니 떡 너 먹고 내 떡 나 먹는 그런 마음 쓴다면
될 일도 아니 된다네
오늘부터 뜻을 합쳐 우리 한번 잘 살아보세
이미 이룬 과학문명 선용을 하여 용맹심을 내어
모든 일에 임한다면 행복이 줄을 서서 올 걸세
아리랑 아리랑 아라리요
아리랑 고개를 넘어간다
청천 하늘엔 잔별도 많고
이내 가슴엔 희망도 많다

사는 목적

우리 모두 행복을 찾아 영원을 찾아
내면 향해 비춰보는 명상으로
앉으나 서나 일을 하나 최선을 다하는
하루의 해가 서산을 붉게 물들이고
가을 낙엽 한 잎 두 잎 지는 속에선
합장 기도하여 또 다짐과 맹서의 말
뜻 이루어 이 세상의 빛이 돼서
구류를 생사 고해서 구제하는 사람으로
영원히 영원히 살 것입니다

곰탱이

곰탱이 곰탱이 미련 곰탱이
세상 사람 요구 따라 다 들어준
사람더러 곰탱이라네
요구 따라 따지지 않고
들어주기 바쁜 이를 놀려대며 하는 말
곰탱이 곰탱이 미련 곰탱아
그리 살다간 끝내는 빌어먹을 쪽박마저
없겠구나 미련 곰탱아
그래도 덩실덩실 추는 춤을
보며 깔깔 웃는 사람들아
웃는 자신 모르니 서글퍼 내 하는 말
한 판의 꿈속이라 천금만금 쓸데없네
깔깔 웃는 그 실체를 자신 삼아 사는 삶이 되길
바라고 바라는 곰탱이 춤이로세

미련 곰탱이

나는 나를 모른 곰탱이 곰탱이 미련 곰탱이
나는 나를 보고 듣는 그거라고 보여주듯 일러줌에
동문서답 일관하는 곰탱이 곰탱이 미련 곰탱이
그러므로 성현들의 천하태평 무릉도원 못 누리고
고생 고생 살아가는 곰탱이 곰탱이 미련 곰탱이
그런 삶을 면하려면 나라는 나를 깨달아라 자상하게 이끈 말씀
이행 못한 곰탱이 곰탱이 미련 곰탱이
귀천 없이 이끌어서 선 자리가 안양낙원 되게 하신
말씀을 이행 못한 곰탱이 곰탱이 미련 곰탱이
궁전 낙을 저버리시고 고행 수도 다하셔서
나란 나를 깨침으로 영생의 낙원으로 이끄신
이 기회를 놓친다면 다시 만나기 어려웁고 어려우니
칠야삼경 봉화 같은 그 지혜의 광명 받아
각자 것이 되게 하란 그 말씀을 실행 못한 곰탱이 곰탱이 미련 곰탱이
그 지혜의 이끔 받아 이러-한 각자 경지 되는 날엔
백사 만사 무엇이든 뜻대로 이뤄진다 권한 말씀 실행 못한 곰탱이 곰탱이
미련 곰탱이
눈앞의 그 작은 것 쫓다가 영원한 삶의 낙 놓치지 않으려면
나란 나를 꼭 깨달으란 귀한 말씀 실행 못한 곰탱이 곰탱이 미련 곰탱이
금구 성언 귀담아듣지 않고 흘려듣다간
백 년도 못 채운 후회막심 삶 되리니 새겨듣고 새겨들어 실천하란 그 말씀
실행 못한 곰탱이 곰탱이 미련 곰탱이
실천하여 깨닫고 박장대소 하는 날엔 삼세 성현 모두모두가 곰탱이 곰탱이
가 누리 안은 광명 놓네 누리 안은 광명 놓아 삼창을 할 거라네

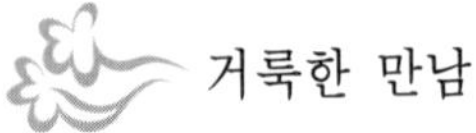

거룩한 만남

불법을 만난 건 행운 중 행운이며 내 생의 정점일세
거룩한 이 법을 만나는 사람이면 서로가 권하고 권을 하여
함께 한 일상의 수행이 되어서 다 같이 누리는 낙원 이뤄
고통과 생사는 오간 데 없고 웃음과 평온만 넘치고 넘쳐
길이길이 끝이 없는 복락 누리세

여래의 큰 은혜 순간인들 잊으랴 수행해 크게 깨쳐
구제를 다함만 큰 은혜 갚음이니 노력과 실천 다해 우리
모두 씩씩한 낙원의 역군이 되어 봉화적인 이생의 삶으로써
최선을 다하여 부끄럼 없는 대장부로 은혜 갚는 장부로
길이길이 끝이 없는 복락 누리세

옛 고향

고향 옛 고향이 그리워 거니는 산책에
고요한 달빛 휘영청 밝고 밤새는
그 무슨 생각에 저리 부르는 노래인데
숲 타고 온 석종소리에 열리는 옛 내 고향
그리도 캄캄하던 생각들은 흔적도 없고
고요한 마음 옛 고향 털끝만큼도
가리운 것이란 없었는데
어찌해 그 무엇에 어두웠던고 고향길 옛 내 고향
나는 따르리라 끝없는 일이라 하여도
님 하신 구제 고난과 역경
그 어떤 어려움 닥쳐도
님 하시는 일이라면 멈추는 일 없을 것일세
이것만이 보은이라네 보은이라네

부처님의 말씀

부처님 말씀은 하나하나 자비더라
그러기에 불자들은 온화하고 선하더라
부처님 가르치는 이치는 흐르는 물이고
서늘한 산바람이며 봄꽃향기요
심금을 울리는 연주요 노래요
포근한 어머니의 사랑이더라
바다처럼 넓고 넓은 자비의 품이더라
포근하고 온화한 그 가르침 하나하나
이치에 어긋남이 없으신 진실이더라
모두모두 다 함께 우리 모두 닮자구요
모두모두 다 함께 우리 모두 닮자구요
모두모두 다 함께 우리 모두 닮자구요
어쩌다 어쩌다 이런 가르침을 만났는지
이 다행 이 요행 헛되이 하지 않아
이 생에 깨달아서 이 크고 큰 은혜
갚는 일에 소홀하지 않으리라
감사합니다 감사합니다 우리부처님
당신의 후예들마저도 유일하게
전쟁 같은 일들은 일으키지 않습니다
사랑하라 하면서 용서하라 하면서
사람이 사람을 죽이는 일
파리 목숨 취급하듯 하는 일이
있어서야 되겠습니까
혹시라도 이런 일이 종교에 있어서는
절대로 안 되는 일이라 믿습니다
관세음보살 나무아미타불
우리 모두 서로가 서로를 아끼고
사랑합시다 사랑합시다 사랑합시다

부처님의 법

불법은 참불법은
만나기 어렵다네
어렵고 어렵거늘
내 이제 몸담아 닦으니
이 어찌 다행한 일이 아닌가
한눈팔지 맙시다
한눈팔지 맙시다
한눈팔지 맙시다
한눈을 파는 일 없이 해
이 생에 깨닫고 보림을 하여서
제도로써 불은 갚음으로
태평한 세상을 확실하게 이루리
누립시다 누립시다 확실하게 누립시다
누립시다 누립시다 확실하게 누립시다
누립시다 누립시다 확실하게 누립시다
아 고맙고도 고마우신 우리 부처님
거룩하고 거룩하신 부처님을 모시는 이 행복
생각할수록 넘치고 넘치는 이 행복
감사합니다 고맙습니다
감사합니다 고맙습니다 감사합니다 고맙습니다
감사합니다 고맙습니다 감사합니다 고맙습니다
감사합니다 고맙습니다 감사합니다 고맙습니다

즐겁게 살자

나를 찾아 행복을 찾아
내면 향한 명상으로 비춰보며
오늘도 최선을 다한 하루해가 져가는 노을빛
곱게 물이 들고 내 꿈도 이뤄져간다
생각만 하여도 보람찬 미소를 짓는다
세상만사 별것이더냐
서로서로 도와가며 살면서
틈틈이 내면 향한 명상으로
몸 건강 마음 건강 챙기며 사노라면
참나 깨친 박장대소도 짓고
세상 고별 마음대로 하는 날도 있을 걸세
그런 날을 기대하며 일하며 명상하며
하루하루 즐겁게 살자

행복이란

즐거웁게 즐겁게
살아가면 좋잖아
한 번인 인생의 삶인데
모두 활짝 웃어요
신이 나게 웃어요
행복이란 돈과 직위에
있는 것 아니라네
행복이란 그 어떤 마음으로
사느냐에 있다네
다 같이 다 같이 웃어들 봐요
그 웃음 타고 행복이 오네
짧은 인생살이 이렇게
만들어가며 살아들 보세

그 말씀

1. 님들의 고구정녕 그 말씀 맘에 새기세
그러면 오는 날엔 행복을 누리며
이웃들을 도우며 살리
개미처럼 개미처럼 개미처럼
개미처럼 개미처럼 개미처럼
개미처럼 개미처럼 개미처럼
이것저것 논하지를 말고서 서로가
서로를 도와 세상을 이끄는 데 노력하면
이 세상의 그 어떠한 일일지라도
못 이룰 일 없을 것일세
꿀벌처럼 꿀벌처럼 꿀벌처럼
꿀벌처럼 꿀벌처럼 꿀벌처럼
꿀벌처럼 꿀벌처럼 꿀벌처럼

2. 님들의 가르침을 실행한 덕으로써
마음에 갖추어진 갖가지 능력을
부려 써서 누리는 삶을
나비처럼 나비처럼 나비처럼
나비처럼 나비처럼 나비처럼
나비처럼 나비처럼 나비처럼
더불어서 함께하는 별유천지 눈앞이 아니던가
이 모든 것이 참고 참아 극복해 이겨냈던
그 공덕의 결실이로세 그 공덕의 결실이로세
운학처럼 운학처럼 운학처럼
운학처럼 운학처럼 운학처럼
운학처럼 운학처럼 운학처럼

두고두고 할 일

아미타불 사유를 깊이깊이 하여서
하늘땅 생긴 이래 오늘에 이르도록
크나큰 은산철벽 너머 일처럼
까마득히 모른 나를 깨달았으나
모양 빛깔 없어서 쥐어줄 수도
보여줄 수도 없는 일이라서
입은 옷 뒤집어 보이듯 못하니 한이구나
그러나 보고 듣고 하는 바로 그것이니
마음눈을 활짝 열어 듣는 그곳 향해 살펴봐요 살펴봐
하늘땅이 간 곳 없고 자신까지 사라진 데서
듣고 아는 그것 내가 아니던가
깊이깊이 참구해서 참나 찾아 결정신을 내리게나
다생겁의 윤회 중에 몸종노릇 허사란 걸 경험하지 않았던가
그 깨달음 비추어 세상 일에 응해가며
보림수행하는 일에 방심하지 않아서
구경각을 성취 후에 모든 류를 구제해서
큰 불은 갚음만이 두고두고 할 일일세 두고두고 할 일일세

좋구나

좋구나 이곳이 어때서
낙원에 장소가 있나요

마음이 착하면 선 곳이 무릉도원
이런 삶이 참 삶이라네

미소를 지으며 손에 손을 잡고서
태평가를 모두들 불러요

우리들 이렇게 서로 만나 사는 것
백겁천생 인연이라네

세월아 맞춰라 내 즐기고 즐기며
함께한 이들에 위로를 하려네

화엄의 세계

1. 각자 마음 깨닫고 봐요
누리 그 모두가 장엄이네 장엄, 빛의 장엄
어느 하나 마음의 장엄 아닌 게 없네 없어
다함 없고 끝이 없는 보고 듣는 마음 하나 바로 쓰면
이대로가 무릉도원, 화엄의 세계로세

2. 보고 듣고 느끼고 생각하는
그 모든 것 장엄이네 장엄, 빛의 장엄
어느 하나 빛의 장엄 아닌 게 없네 없어
다함 없고 끝이 없는 보고 듣는 마음 하나 바로 쓰면
이대로가 화장세계, 장엄의 세계로세

만들자

1. 빌딩숲의 실외기 열
오고가는 차 배기가스
사람소리 기계소리를
원림 속의 새소리와
개울소리 미풍소리
그런 환경 만들자 만들자 만들자

2. 이익 따져 주고받는
설왕설래 어지러움
높고 낮은 금속음들을
매미소리 물소리와
노래하는 그런 환경
우리 함께 만들자 만들자 만들자

3. 하늘 맑고 별이 빛난
조용하고 시상 뜨는
그런 환경 거닐면서
손에 손을 마주 잡고
노래하는 그런 환경
우리 함께 만들자 만들자 만들자

바로보인의 책들

1. 바로보인 전등록 (전30권을 5권으로)

7불과 역대 조사의 말씀이 1,700공안으로 집대성되어 있는 선종 최고의 고전으로, 깨달음의 정수가 살아 숨쉬도록 새롭게 번역되었다.

464, 464, 472, 448, 432쪽.

각권 18,000원

2. 바로보인 무문관

황룡 무문 혜개 선사가 저술한 공안집으로 전등록, 선문염송, 벽암록 등과 함께 손꼽히는 선문의 명저이다.

본칙 48개와 무문 선사의 평창과 송, 여기에 역저자인 대원 문재현 선사의 도움말과 시송으로 생명과 같은 선문의 진수를 맛보여 주고 있다.

272쪽. 12,000원

3. 바로보인 벽암록

설두 선사의 설두송고를 원오 극근 선사가 수행자에게 제창한 것이 벽암록이다.

이 책은 본칙과 설두 선사의 송, 대원 문재현 선사의 도움말과 시송으로 이루어져, 벽암록을 오늘에 맞게 바로 보이고 있다.

456쪽. 15,000원

4. 바로보인 천부경

우리 민족 최고(最古)의 경전 천부경을 깨달음의 책으로 새롭게 바로 보였다. 이 책에는 81권의 화엄경을 81자에 함축한 듯한 천부경과, 교화경, 치화경의 내용이 함께 담겨 있으며, 역저자인 대원 문재현 선사가 도움말, 토끼뿔, 거북털 등으로 손쉽게 닦아 증득하는 문을 열어놓고 있다.

432쪽. 15,000원

5. 바로보인 금강경

대원 문재현 선사의 『바로보인 금강경』은 국내 최초로 독창적인 과목을 내어 부처님과 수보리 존자의 대화 이면의 숨은 뜻을 드러내고, 자문과 시송으로 본문의 핵심을 꿰뚫어 밝혀, 금강경 전체를 손바닥 안의 겨자씨를 보듯 설파하고 있다.

488쪽. 15,000원

6. 세월을 북채로 세상을 북삼아

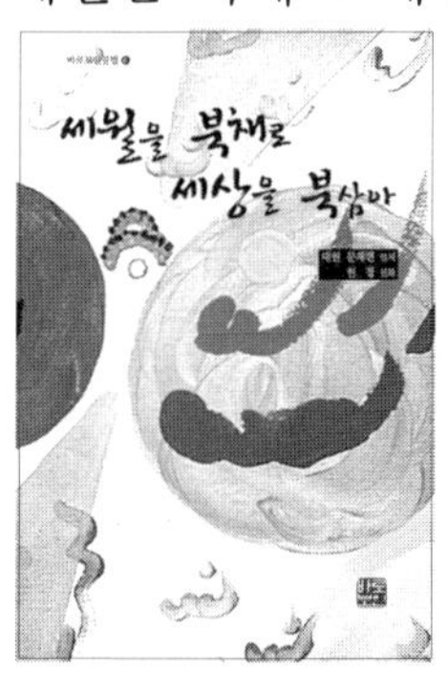

대원 문재현 선사의 선시가 담긴 선시화집 『세월을 북채로 세상을 북삼아』는 선과 시와 그림이 정상에서 만나 어우러진 한바탕이다. 선의 세계를 누리는 불가사의한 일상의 노래, 법열의 환희로 취한 어깨춤과 같은 선시가 생생하고 눈부시게 내면의 소리로 흐른다.

180쪽. 15,000원

7. 영원한현실

애매모호한 구석이 없이 밝고 명쾌하여, 너무도 분명함에 오히려 그 깊이를 헤아리기 어려운, 대원 문재현 선사의 주옥같은 법문을 모아 놓은 법문집이다.

400쪽. 15,000원

8. 바로보인 신심명

신심명은 양끝을 들어 양끝을 쓸어버리는, 40 대치법으로 이루어진, 3조 승찬 대사의 게송이다.

이를 대원 문재현 선사가 바로 번역하는 것은 물론, 주해, 게송, 법문을 더해 통쾌하게 회통하고 자유자재 농한 것이 이 『바로보인 신심명』이다.

296쪽. 10,000원

9. 바로보인 환단고기 (전5권)

『바로보인 환단고기』 1권은 민족정신의 정수인 환단고기의 진리를 총정리하여 출간하였다.

2권에는 역사총론과 태초에서 배달국까지 역사가 실려있으며, 3권은 단군조선, 4권은 북부여에서부터 고려까지의 역사가 실려있다. 5권에는 역사를 증명하는 부록과 함께 환단고기 원문을 실었다.

264 · 368 · 264 · 352 · 344쪽. 각권 12,000원

10. 바로보인 선문염송 (전30권 중 26권)

선문염송은 세계최대의 공안집이다. 전 공안을 망라하다시피 했기에 불조의 법 쓰는 바를 손바닥 들여다보듯 하지 않고는 제대로 번역할 수 없다. 대원 문재현 선사는 전 공안을 바로 참구할 수 있게끔 번역하고 각 칙마다 일러보였다.

352 368 344 352 360 360 400 440 376 392 384 428 410 380 368 434 400 404 406 440 424 460 472 456 504 528쪽

각권 15,000원

11. 앞뜰에 국화꽃 곱고 북산에 첫눈 희다

대원 문재현 선사의 선문답집으로 전강 · 경봉 · 숭산 · 묵산 선사와의 명쾌한 문답을 실었으며, 중앙일보의 <한국불교의 큰스님 선문답> 열 분의 기사와 기자의 질문에 대한 대원 문재현 선사의 별답을 함께 실었다.

200쪽. 5,000원

12. 바로보인 증도가

선종사에 사라지지 않을 발자취로 남은 영가 선사의 증도가를 대원 문재현 선사가 번역하고 법문과 송을 더하였다.

자비의 방편인 증도가의 말씀을 하나하나 쳐가는 선사의 일갈이야말로 영가 선사의 본의중과 일치하여 부합하는 것이라 아니할 수 없다.

376쪽. 10,000원

13. 바로보인 반야심경

이 시대의 야부 선사, 대원 문재현 선사가 최초로 반야심경에 과목을 붙여 반야심경 내면에 흐르는 뜻을 밀밀하게 밝혀놓고 거침없는 송으로 들어보였다.

200쪽. 10,000원

14. 선(禪)을 묻는 그대에게 (전10권 중 2권)

대원 문재현 선사의 선수행에 대한 문답집. 깨달아 사무친 경지에 대한 밀밀한 점검과, 오후보림에 대한 구체적인 수행법 제시와, 최초의 무명과 우주생성의 원리까지 낱낱이 설한 법문이 담겨 있다.

280쪽, 272쪽. 각권 15,000원

15. 바로보인 선가귀감

선가귀감은 깨닫고 닦아가는 비법이 고스란히 전수되어 있는 선가의 거울이라 할 만하다. 더욱이 바로보인 선가귀감은 매 소절마다 대원 문재현 선사의 시송이 화살을 과녁에 적중시키듯 역대 조사와 서산대사의 의중을 꿰뚫어 보석처럼 빛나고 있다.

352쪽. 15,000원

16. 바로보인 법융선사 심명

심명 99절의 한 소절, 한 소절이 이름 그대로 마음에 새겨두어야 할 자비광명들이다.
이 심명은 언어와 문자이면서 언어와 문자를 초월한 일상을 영위하게 하는 주옥같은 법문이다.

278쪽. 12,000원

17. 주머니 속의 심경

반야심경은 부처님이 설하신 경 중에서도 절제된 경으로 으뜸가는 경이다. 대원 문재현 선사의 선송(禪頌)도 그 뜻을 따라 간략하나 선의 풍미를 한껏 담고 있다. 하루에 한 소절씩을 읽고 참구한다면 선 수행의 지름길이 될 것이다.

84쪽. 5,000원

18. 바로보인 법성게

법성게는 한마디로 화엄경의 핵심부를 온통 훤출히 드러내놓은 게송이다. 짧은 글 속에 일체의 법을 이렇게 통렬하게 담아놓은 법문도 드물 것이다.
이렇게 함축된 법성게 법문을 대원 문재현 선사가 속속들이 밀밀하게 설해놓았다.

160쪽. 10,000원

19. 달다 - 전강 대선사 법어집

이제는 전설이 된 한국 근대선의 거목인 전강 선사님의 최상승법과 예리한 지혜, 선기로 넘쳤던 삶이 생생하게 담겨 있는 전강 대선사 법어집 < 달다 > !

전강 대선사님의 인가 제자인 대원 문재현 선사가 전강 대선사님의 법거량과 법문, 일화를 재조명하여 보였다.

304쪽. 15,000원

20. 기우목동가

그 뜻이 심오하여 번역하기 어려웠던 말계 지은 선사의 기우목동가!

대원 문재현 선사가 바른 뜻이 드러나도록 번역하고, 간결한 결문과 주옥같은 선송으로 다시 보였다.

146쪽. 10,000원

21. 초발심자경문

이 초발심자경문은 한문을 새기는 힘인 문리를 터득하게 하기 위하여 일부러 의역하지 않고 직역하였다.

대원 문재현 선사의 살아있는 수행지침도 실려 있다.

266쪽. 10,000원

22. 방거사어록

방거사어록은 선의 일상, 선의 누림을 보여주는 대표적인 선문이다. 역저자인 대원 문재현 선사는 방거사어록의 문답을 '본연의 바탕에서 꽃피우는 일상의 함'이라 말하고 있다. 법의 흔적마저 없는 문답의 경지를 온전하게 드러내 놓은 번역과, 방거사와 호흡을 함께 하는 듯한 '토끼뿔'이 실려 있다.

266쪽. 15,000원

23. 실증설

대원 문재현 선사가 2010넌 2월 14일 구정을 맞이하여 불자들에게 불법의 참뜻을 보이기 위해 홀연히 펜을 들어 일시에 써내려간 『실증설』. 실증한 이가 아니고는 설파할 수 없는 일구의 도리로 보인 1부와, 태초로부터 영겁에 이르는 성품의 이치를 낱낱이 법문으로 설한 2, 3부를 보아 실증하기를…

198쪽. 10,000원

24. 하택신회대사 현종기

육조대사의 법이 중국천하에 우뚝하도록 한 장본인, 하택신회대사의 현종기. 세간에 지해종도로 알려져 있는 편견을 불식시키는 뛰어난 깨달음의 경지가 여기에 담겨있다. 대원 문재현 선사가 하택신회대사의 실경지를 드러내고 바로보임으로써 빛냈다.

232쪽. 10,000원

25. 불조정맥 - 韓 · 英 · 中 3개국어판

석가모니불로부터 현 78대에 이르기까지 불조정맥진영(佛祖正脈眞影)과 정맥전법게(正脈傳法偈)를 온전하게 갖춘 최초의 불조정맥서. 대원 문재현 선사가 다년간 수집, 정리하여 기도와 관조 끝에 완성한 『불조정맥』을 3개국어로 완역하였다.

216쪽. 20,000원

26. 바른 불자가 됩시다

참된 발심을 하여 바른 신앙, 바른 수행을 하고자 해도, 그 기준을 알지 못해 방황하는 불자님들을 위해 불법의 바른 길잡이 역할을 하도록 대원 문재현 선사가 집필하여 출간하였다.

162쪽. 10,000원

27. 누구나 궁금한 33가지

21세기의 인류를 위해 모든 이들이 가장 어렵고 궁금해 하는 문제, 삶과 죽음, 종교와 진리에 대한 바른 지표를 제시하고자 대원 문재현 선사가 집필하여 출간하였다.

180쪽. 10,000원

28. 108진참회문 - 韓 · 英 · 中 3개국어판

전생의 모든 악연들이 사라져 장애가 없어지고, 소망하는 삶을 살게 하기 위해 대원 문재현 선사가 10계를 위주로 구성한 108 항목의 참회문이다. 한 대목마다 1배를 하여 108배를 실천할 것을 권한다.

170쪽. 15,000원

29. 달마의 일할도 허락지 않는다

대원 문재현 선사의 짧고 명쾌한 법문집. 책을 잡는 순간 달마의 일할도 허락지 않는 선기와 맞닥뜨리게 될 것이다. 때로는 하늘을 찌를 듯한 기세와, 때로는 흔적 없는 공기와도 같은 향기를 일별하기를…

190쪽. 10,000원

30. 마음대로 앉아 죽고 서서 죽고

생사를 자재한 분들의 앉아서 열반하고 서서 열반한 내력은 물론 그분들의 생애와 법까지 일목요연하게 수록해놓았다.

446쪽. 15,000원

31. 화두 - 韓·英·中 3개국어판

『화두』는 대원 문재현 선사의 평생 선문답의 결정판이다. 생생하게 살아있는 선(禪)을 한·영·중 3개국어로 만날 수 있다. 특히 대원 문재현 선사의 짧은 일대기가 실려 있어 그 선풍을 음미하는 데에 큰 도움을 주고 있다.

440쪽. 15,000원

32. 바로보인 간당론

법문하는 이가 법리를 모르고 주장자를 치는 것을 눈먼 주장자라 한다. 법좌에 올라 주장자 쓰는 이들을 위해서 대원 문재현 선사가 간당론에서 선리(禪理)만을 취하여 『바로보인 간당론』을 출간하였다.

218쪽. 20,000원

33. 완전한 우리말 불공예식법

부처님께 공양을 올리고 불보살님의 가피를 구하는 예법 등을 총칭하여 불공예식법이라 한다. 대원 문재현 선사가 이러한 불공예식의 본 뜻을 살려서 완전한 우리말본 불공예식법을 출간하였다.

456쪽. 38,000원

34. 바로보인 유마경

유마경은 가히 불법의 최정점을 찍는 경전이라 할 것이니, 불보살님이 교화하는 경지에서의 깨달음의 실경과 신통자재한 방편행을 보여주는 최상승 경전이다. 대원 문재현 선사가 < 대원선사 토끼뿔 >로 이 유마경에 걸맞는 최상승법을 이 시대에 다시금 드날렸다.

568쪽. 20,000원

법문 MP3를 주문판매합니다

부처님의 78대손이신 대원(大圓) 문재현(文載賢) 전법선사님의 법문 MP3가 나왔습니다. 책으로만 보아서는 고준하여 알기 어려웠던 선문(禪文)의 이치들이 자세히 설하여져 있어서, 모든 궁금증을 시원하게 풀어줄 것입니다.

- 바로보인 천부경 : 15,000원
- 바로보인 금강경 : 40,000원
- 바로보인 신심명 : 30,000원
- 바로보인 법성게 : 10,000원
- 바로보인 현종기 : 65,000원
- 바로보인 법융선사 심명 : 100,000원
- 바로보인 반야심경 : 1회당 5,000원 (총 32회)
- 바로보인 선가귀감 : 1회당 5,000원 (총 80회)

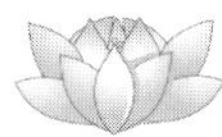

대원 선사님 작사 노래 CD 주문판매합니다

• 가격 : 2만원

• 가격 : 1만5천원

문의 전화 ☎ 031-534-3373